KB275266

아이의 사회성 아빠가 키운다

아이의 사회성
아빠가 키운다

1판 1쇄 2012년 10월 18일
1판 6쇄 2020년 09월 25일

지은이 임영주
펴낸이 정연금
펴낸곳 멘토르
북디자인 想 company
표지 일러스트 박상희
본문 일러스트 sam그림(허재호)

등록 2004년 12월 30일 제 302-2004-00081호
주소 서울 광진구 능동로 331, 2층
전화 02-706-0911 | **팩스** 02-706-0913
이메일 mentorbooks@naver.com

ISBN 978-89-6305-596-1 (13370)

아이의 사회성 외향 아빠가 키운다

임영주 지음

멋진 아빠의 삶으로
더 행복한 미래를
디자인하는 당신께

이 땅에서 아버지로 산다는 일, 이 땅에서 남편으로 산다는 일, 근사했었습니다. 먹고사는 것에 대한 모든 책임을 온몸으로 져야 했지만, 존경의 눈길로 바라보는 아내가 있었고 아버지의 그림자에도 권위가 실렸던, 그런 시절이 있었습니다. 그 시절, 가장으로서의 의무와 책임은 당연한 것이었고 기쁨이었습니다.

식구를 먹여 살리는 일, 숭고하기까지 했습니다. 그렇게 사는 것이라 믿었기에 그 역할이 행복했습니다. 때로 지치고 힘들었지만, 그것조차 입 밖으로 내서는 안 되었기에, 표현하는 일도 자연 서툴 수밖에 없었습니다. 그렇게 살다 보니 고맙다는 말도, 미안하다는 말도, 사랑한다는 말도 해야 하는 것인 줄 몰랐습니다. 우리 아버지들은 그렇게 사셨습니다. 어느 날, 세상은 남자들에게 표현을 하라고 종용합니다. 표현하지 않는 사랑은 사랑이 아니라는 시인의 말까지 인용해 '사랑한다'고 말하라 합니다. 어느 날, 아기 기저귀도 갈아 주라 합니다. 서툴게 끙끙거리며 갈아 주는데, 아기하고 무슨 말이라도 하며 기저귀를 갈라고 합니다. 아기도 다 알아듣는다면서요. 아니, 말도 못하고 울기만 하는 신생아가 무슨 말을 알아듣는다는 건지. 어쨌든

지엄한 아내의 말인지라 아내를 흉내내며 아기 기저귀를 갈아 줍니다.

아이도 성장하고 아내의 위치도 나날이 높아만 가는 어느 날, 아내가 말합니다. '애가 사춘기가 돼서 그런지 엄마 말을 안 들으니 아빠가 어떻게 좀 해 보라.'고. 아이와 대화를 시작하니 이 녀석이 아빠 얼굴도 제대로 안 쳐다봅니다. 무슨 말을 해야 할지, 어떻게 해야 하는지……. 언제 연습이나 해 봤나요.

아빠들과 만나면서 많은 생각을 했습니다. '어떻게 해야 하는지…….'에 대한 아빠들의 질문에 대해서도 진지하게 생각했습니다. 정답은 없지만 명답은 있지 않을까. 그래서 이 글을 시작했습니다.

아내의 태내에 아기가 있을 때부터 유아기, 사춘기를 지나는 이야기까지. 내 아이 잘 키우고자 열망하는 아빠들에게 도움을 드리고 싶었습니다. 동시에 남편으로서의 역할에 대해서도 진지하게 접근해 보았습니다. 자녀교육이 제대로 이루어지려면 남편 역할을 잘해서 아내를 행복하게 해주어야 합니다. 아내, '내 아이의 엄마'가 행복할 때 아이가 행복하니까요.

다양한 세상을 거침없이 멋지게 살아 내야 할 우리 자녀를 잘 키우기 위해서는 부부의 공동작전이 필요합니다. 아버지 특유의 부성과 어머니의 따뜻한 모성을 흠뻑 받고, 아이가 세상을 서핑하듯 즐길 수 있는 인격체로 성장할 수 있으니까요.

그러나 우리의 노력보다 아이의 성장 속도가 더 빨라서 미처 따라갈 수 없을지도 모릅니다. 관심 갖고 대화하자고 모처럼 마주 앉으면 쳐다보기는커녕 묘한 말투로 "아빠가 제게 관심이나 있었어요?", "아, 뭔데요~~~?" 하며 아빠 마음 긁어 대고, 대화는 시작도 못해 보고 끝내 소리 지르며 자리에서 일어나게 하는 일이 있을 수도 있습니다.

당황하지 마세요. 과정입니다. 아이가 자라 자신의 존재 이유를 찾으며 이제 선도 컸노라고 외치는 것이니까요.

자녀교육에 왕도는 없습니다만 분명히 더 좋은 방법이 있으며, 아이를 잘 키우고 싶은 대한민국 아빠들의 열망을 현장 경험을 통해 많이 알고 있습니다. 내 아이 잘 키우고 싶은 아빠들의 절실함은 당연한 것입니다.

그러나 그게 어디 만만한 일인가요. 목소리도, 말도, 태도와 습관도 완벽해야 '아빠 노릇' 제대로 한다고, '내면'과 '외면' 모두 잘 갖춘 아빠여야 한다고 합니다. 물론 쉽지는 않지만, 하나하나 알아 가면 이렇게 근사한 역할도 없습니다. 이 과정에 제가 가진 경험과 작은 지식을 나눠 드려 힘을 보태고 싶었습니다. 이 글을 써 내려가며, 가슴 깊은 곳에서 사랑과 사명이 우러났음을 고백합니다. 아빠가, 남편이 바로 설 때 세계를 끌고 갈 아름다운 청년이 이 땅에 가득할 테니까요.

볼 것도 많고, 읽을 것도 많고, 생존을 위해 독파해야 할 책이 난무하는 세상에 짬을 내어, 부드럽게 잘 읽히고, 읽으면서 고개를 끄덕이게 하고, 이 책을 덮을 즈음 자녀교육에 대해 희망의 단서와 기쁨을 느끼셨으면 하는 소망을 담아 열심히 썼습니다.

이 책은 사랑하는 내 아이, 멋지게 키우고 싶은 아빠들께 드리는 '사랑의 편지' 입니다. 아빠라는 자리를 기쁨으로 알고, 환한 표정으로 아이 손을 잡은 아빠들을 바라보며 쓴 연서이며, 강연을 들으러 오셔서 누구보다도 경청하는 모습을 보이는 멋진 아빠들께 드리는 따스한 눈길 같은 것입니다. 이런 좋은 아빠들과 같은 시대를 살아간다는 것은 참 감사한 일입니다.

유아교육 현장에서 보석같은 에피소드를 모아 준 선생님들께, 그 놀라운 관찰력에, 또 유아들에 대한 헌신적인 사랑에 찬사와 감사를 보냅니다. 길에서 혹은 강의실에서 만난 소중한 인연들이 풀어낸 에피소드들도 제게 힘이 되었습니다.

좋은 부모교육서를 내고 싶은 열정으로 오랜 시간 저와 논의를 거듭한 정연금 대표님, 정성스레 원고를 편집한 이수정 부장님, 군자의 덕으로 저를 이끄는 은사

류재엽 교수님, 그리고 존경하는 K선생님. 이 아름다운 분들이 있어 이 책이 가능했습니다. 고맙습니다. 부모교육서를 낼 때마다 돌아보는 제 부모님의 사랑과 은혜로움은 진정 크고 위대합니다. 사랑합니다.

사람의 평생, 뭐 대단한 거 있겠습니까. 사랑하는 사람들 안에서 행복하게 사는 것, 그 이상의 바람이 또 있을까요. 역사에 기록된 사람은 뭔가 특별한 일로써 기억되지만, 진정 행복했던 수많은 사람들의 삶은 기록을 넘어 평범했기에 위대합니다. 많은 성공신화들이 가끔 우리의 삶을 소박하다고 위협하고 있지만, 들여다보면 우리 모두가 갈망하는 참다운 성공은 '우리 가족과의 행복'이 아닐까요?

가족이야말로 태어나 얻은 가장 소중한 선물이고, 가정이야말로 삶의 기적이며 마르지 않는 행복의 샘물입니다. 행복하게 살고 싶은 당신. 당신의 가족이 당신을 바라보며 함께 꿈꾸고 있습니다. 부디 행복한 가장이 되시기를 바라며, 행복한 남편의 자리에 계시기를 바랍니다. 그리고 존경받는 아빠의 자리에서 위풍당당, 멋진 삶을 사시길 바랍니다.

이 글을 읽는 대한민국의 아빠들이 함께 고민하고 함께 가슴 뭉클해져서 우리 아이, 우리 가정을 잘 이끌어 가고 싶다고 소망하게 되기를 또한 기도합니다. 이 책은 멋진 아빠의 삶으로 더 행복한 삶을 디자인하는 당신들께 드리는 사랑의 편지이며 헌시입니다.

'아빠'라는 이름으로 더 많이 행복하세요.

2012년
임영주

목차

Part 01

이왕이면 멋진 아빠!

Part 02

위험한 아빠들

Part 03

아빠와 함께하는
특별하고도 멋진 경험

Part 04
아내와 손잡고 가는 아빠

Part 05
아빠를 닮고 싶어요!

이왕이면
멋진 아빠!

박사님, 강연을 들은 쌍둥이 엄마입니다. 강의를 마치고도 우리 부모들과 정성껏 상담해 주시는 모습이 참 인상적이었습니다. 그날 아마도 점심식사도 못하시고 다음 강연장으로 가셨겠지요. 정말 감사합니다. 제가 메일을 드린 것은 박사님 강의 중에 옆 사람 뒷사람에게 '잘 부탁드립니다.'라고 인사를 하라고 했던 말씀에 대한 중요성을 다시금 느낀 경험을 말씀드리고 싶기 때문입니다.

'나만 잘 키워서는 우리 아이가 잘 자랄 수 없다. 모든 가정의 부모들이 잘 키워야 한다. 우리 아이가 가정이라는 울타리를 벗어나 매일매일 대하고 부딪치며 영향받는 아이가 외부에 있는 것이다. 그 외부에서 만나는 아이들이 옆에 계신 부모님의 자녀이고 뒤에 계신 부모님의 자녀이다. 그러니 잘 키워서 밖으로 내보내 달라. 나도 내 아이 잘 키울 테니 당신 아이, 잘 키워 달라고 간곡한 마음으로, 가슴 찡하게 울리는 마음으로 다시 인사하라.' 하셨지요.

내 아이 잘 키우려고 강연에 갔다가 내 아이를 잘 키우는 것이 얼마나 큰일을 하는 건지 새삼 감동을 느끼고 왔습니다. 감사합니다. 앞으로도 부모교육을 하실 때 '잘 부탁드립니다.'를 잊지 말고 말씀해 주세요.

그리고 저희 부모들을 향해, "이 땅에 아름다운 청년을 키워 주시는 일을 하는 위대한 일을 하는 부모님, 존경합니다."라고 말씀하실 때 전율이 일었다는 것을 꼭 말씀드리고 싶었습니다. 저도 존경합니다.

– 울산 쌍둥이 맘

잘 부탁드립니다

 ## 내 아이의 주변 사람은 다 중요하다

저는 강연을 마치면 무대 뒤로 바로 퇴장하지 않고 잠시라도 청중과의 시간을 갖습니다. 책 사인을 받기 위해 무대 앞으로 오시기도 하지만, 미처 하지 못한 질문이 있는 분도 계시고, 인사를 하러 오는 분도 계시기 때문입니다. 저 또한 90여 분 동안 제 강의 열심히 들은 분들과 교감을 하고, 강의를 들은 강사와 인사를 하고 싶은 청중의 마음을 헤아리기 때문에 이 시간에 보람을 느낍니다.

특히 "강의 듣고 정말 실천하는 부모가 되어야겠다고 결심했다."는 이야기를 들으면 이 세상에서 가장 가치 있는 일을 하고 있다는 자부심도 가지게 됩니다.

강연 중에 눈빛을 반짝이고 듣던 쌍둥이 엄마가 보낸 메일을 읽으며 아이를 키우느라 여념이 없을 텐데 긴 메일을 보낸 정성에 감동했습니다. 그리고 쌍둥이 엄마가 하고 싶은 얘기는 바로 이거였구나를 메일에서 어렵지 않게 찾아냈습니다.

"부모교육을 하실 때 '잘 부탁드립니다.'를 잊지 말고 말씀해 주세요."

앞에서 옮기지 못한 내용을 요약합니다.

쌍둥이 엄마가 쌍둥이를 데리고 백화점에 가서 아이들 옷을 고르고 있는데, 비슷한 또래 남자아이가 와서 아이를 발로 툭 차고 가더랍니다. 쌍둥이 엄마는 얼른 아이를 안아 주며 아이들끼리 그럴 수 있음을 이해하고 우는 아이를 위로했는데, 문제는 그 다음이었습니다.

아빠 (상냥하게) 다른 친구 때리면 돼, 안 돼?

아이 안 돼.

아빠 (아이를 꼭 껴안아 주며) 안 되는 거 알지요?

이때 들리는 엄마의 목소리.

엄마 아빠한테 '안 돼.'가 뭐야. 존댓말 써야지.

아이 (마지못해) 안 돼요.

아빠 (아내를 보며) 놔 둬. 애가 잘못했다잖아.

그리고 아빠는 아이가 정말 사랑스럽다는 듯 꼭 껴안으며 다음 장소로 가더랍니다.

저도 언젠가 지하철에서 이 비슷한 장면을 목격한 적이 있어 쉽게 공감이 되었습니다. 이 일의 본질이 뭔가요. 아이가 아무 잘못도 없는 상

 아이의 사회성 아빠가 키운다

대 아이를 때렸습니다. 여기서 아빠가 상냥하게 "다른 친구 때리면 돼,
안 돼?"하며 선택형 질문을 하면 안 됩니다. 이건 선택의 문제가 아닙니
다. '절대 안 되는 것'입니다.

엄마의 태도 또한 석연치 않습니다. 이 기회에 아이의 경어 습관을
들이겠다는 생각을 한 건가요? "아빠한테 '안 돼.'가 뭐야. 존댓말 써야
지." 여기서는 아빠한테 경어를 써야 하는 게 문제의 핵심이 아닙니다.
누군가를 때린 아이의 행동, 그것이 심각하게 다뤄져야 하는 것입니다.
아이를 키우는 모든 부모는 몇 가지에서 비슷한 마음을 가졌습니다.

“우리 아이가 건강했으면 좋겠어요.”, “맞고 오면 속상해요. 차라리 때리 그 오는 게 낫지요.”, “친구들하고 잘 지냈으면 좋겠어요.”, “공부 잘했으 면 좋겠어요.” 우리 아이가 좋은 대학, 우리 아이가 좋은 직장, 우리 아 이가 성공, 우리 아이가 명예, 우리 아이가 행복……. 더 말해서 무엇하 겠습니까?

그런데 모든 부모가 그런 마음을 가진 것에 주목해야 합니다. 내 아 이가 이 모든 것을 이루는 바탕은 아이의 주변 사람들과의 관계에서 생기는 것입니다. 우리 아이가 안 맞고 안 때렸으면 좋겠지만, 폭력적 아 이가 주변에 있으면 맞을 수도 있고 때릴 수도 있습니다. 우리 아이가 바른 아이일지라도 주변의 아이들이 괴롭히면 친구들과 잘 지내는 것 이 한낱 부모의 바람에만 그칠 수 있습니다.

 ## 내 아이, 남의 아이, 알고 보면 모두 우리 아이

제가 만난 어느 선생님의 이야기입니다. 항상 밝고 긍정적인 분인데, 그 날은 표정이 좀 어두웠습니다. 그리고 자꾸 휴대폰을 열어 보며 한 숨을 쉽니다. 한참 일 얘기를 하면서도 신경이 쓰여 물어보았더니 아 이가 K대 부속병원에 입원해 있답니다. 고등학교 1학년인 아들이, 친구 세 명이 장난삼아 헹가래 치다 집어던지는 바람에 척추를 다쳤다고 합 니다. 요즘 학생들 놀이에 ‘집어던지기’ 놀이라는 게 있다는 말도 참

 아이의 사회성 아빠가 키운다

놀라웠습니다.

열일곱 살, 어른같은 몸집의 네 학생이 한 학생을 집어던졌다니…….
장난으로 그런 것도 모자라 그게 요즘 유행하는 놀이라니, 정말 기가
막힙니다. 그 장난이 한 학생의 목숨을 위태롭게 하고 그 가족 모두를
절망에 빠뜨리고, 또 네 명의 학생 가족 모두를 불안에 떨게 하는 결
과를 낳았습니다.

앞에 앉아 울고 있던 그 선생님이 제게 휴대폰 문자를 보여 줍니다.

'지운 어머니, 정말 사죄드립니다. 자식을 잘못 키워서 지운이를 저
렇게 만들고, 용서해 주세요. 아이들이 아직 철이 없고, 드릴 말씀은 없
습니다만 같이 아이를 키우는 부모의 마음으로 용서해 주세요.'

아이를 키우는 부모의 마음! 가해자의 부모들이 얼마나 힘들어 보낸
문자인지……. 그러면서 한편 제 앞에 앉은 선생님의 절통한 마음을 알
기에 어설픈 위로의 말을 더듬거릴 수밖에 없었습니다. 아이들이 친구
의 목숨은 생각지도 않고 재미삼아 한 그런 행등을, 아직 성인이 아니
니까 이해해야 한다고 생각하면 안 됩니다.

언제까지 아이들의 잘못에 부모가 대신 쫓아다니며 사죄하고 용서
를 구하며 울며불며 매달려야 하는 겁니까. 열일곱 살이 어린 나이인가
요? 그 아이들을 보십시오. 이미 장정입니다. 신체적으로만 건장하기에
더 큰 문제가 성긴 것입니다. 열일곱 살 정도의 나이가 되면 스스로의
행동에 책임을 질 수 있게 키워야 합니다. 신체적인 성장 못지않게 마
음의 성장이 중요합니다.

이런 문제에 있어 우리 모두는 같은 죄인입니다. 이 땅의 모든 딸과 아들이 우리의 아이이기 때문입니다. 우리는 피해자도 가해자도 될 수 있는 시한폭탄 같은 아이들을 제대로 보살펴야 합니다. 그렇기 때문에 어려서부터 해야 할 것과 해서는 안 되는 것을 확실히 인지시키는 교육을 해야 합니다.

아무 이유 없이 친구를 때리고 온 아이에게, 아빠가 상냥하게 "다른 친구 때리면 돼, 안 돼?"라고 하면 안 됩니다. 이유가 있더라도 때리면 안 되는데, 이유 없이 다른 아이를 때리고 온 자녀에게 그런 상냥한 협상적 질문을 하는 것은 아이를 혼란스럽게 만듭니다. 해서는 안 되는 일이 분명히 있습니다.

민주적인 양육이란 아이에게 강요하는 게 아니라 생각하게 하는 것이라고, 그래서 "안 돼!"라는 말은 비민주적이고 일방적 강요의 말이라고 생각합니다. 아이 기죽이면 안 되고 자존감 키워 주라고 들었기 때문에 꾸중하면 안 되고, 긍정적인 말, 칭찬의 말을 사용하고 있는 것도 압니다. 아직 어린애가 뭘 아냐고, 자라면서 차츰 알게 될 테니까 기다려 보자, 하는 것도 이해는 합니다.

그러나 맞으면 아프다는 것 정도는 아이도 압니다. 그리고 반드시 아이도 알아야 합니다. 누군가를 때리거나 꼬집거나 물면 안 된다는 것. 하면 될까, 안 될까가 아니라, 안 된다는 것! 절대 안 된다는 것! 어릴 때부터 가르쳐야 합니다. 자녀 사랑의 실천은 '해도 되는 것'과 '하면 안 되는 것', '꼭 해야 할 것'을 자녀에게 알려 주는 것입니다. 분별력을 가질 수 있도록 키워야 합니다.

부모는 이제 인격을 형성해 나가는 유아기, 가치관의 형성을 해 가는 어린 시기에 올바른 방향을 잡아 주어야 합니다. 그래야 폭력 없는 학교, 사랑이 넘치는 학교……, 그런 환경 가운데서 신체와 정신이 건강하게 우리 아이가 잘 자랄 수 있습니다.

 내 아이 잘 키우겠으니 당신 아이도 잘 키워 주세요

에피소드의 상황이 재연된다면 이렇게 하셨으면 합니다.

아이가 상대방 아이를 발로 차고 왔습니다.

아빠 (단호하게) 효준아, 때리면 안 돼!

아이는 없는 이유라도 만들 표정입니다. 아빠는 이것을 무시하고 아이에게 더욱 단호하게 말합니다.

아빠 (아주 단호하고 엄격하게) 사과하자!

아이 싫어.

아이가 순순하게 사과하러 갈 것 같지 않습니다.

아빠 분명히 네가 잘못한 거야. 사과해야 해.

아빠의 목소리는 아이가 '내가 잘못했구나.'를 바로 깨닫게 하는 목소리여야 합니다. 그러나 아이가 머뭇거린다면 아빠는 더 엄격한 목소리로 말합니다.

아빠 너, 여기서 보고 있어. 아빠가 사과하는 거 잘 봐. (우는 아이에게로 가서) 미안해. 아저씨가 사과할게. 아저씨는 너를 때린 아이 아빠거든. 아저씨가 대신 사과할게. 정말 미안하다. 미안해!

그리고 아이의 엄마에게 깊게 허리를 숙여 사과를 합니다.

아빠 정말 죄송합니다. 아이를 잘못 키웠습니다. 죄송합니다.

이때 아빠는 자신의 아이에게 잘 들리도록, 잘 보이도록 최대한 정중히 사과를 해야 합니다. 때린 아이가 자신이 잘못한 것을 깊이 느끼도록 해야 합니다. '때린 아이 아빠'라는 말이 아이에게 크게 각인되어야 합니다. 아이가 나 때문에 아빠가 저렇게 상대방에게 쩔쩔 매는구나 하는 것을 느끼게 하여 스스로 상황의 심각성을 깨닫고 아빠에게 죄송한 마음을 가질 수 있도록 해야 합니다.

아이의 교육에 왕도란 없습니다. 행동수정의 방법에도 정답은 없습니다. 단지 우리 부모는 최선의 방법을 모색하는 것이지요. 우리 아이, 잘 키우고 싶으니까요. 더욱이 우리 아이가 사는 세상은 혼자 살아가는 세상이 아니기에 우리는 이렇게 부탁하는 겁니다.

내 아이 잘 키우겠습니다. 바른 아이, 괜찮은 아이로 열심히 키우겠습니다. 당신의 아이도 잘 키워 주세요.

정말, 잘 부탁드립니다!

 아이의 사회성 아빠가 키운다

자녀에게 'No'와 'Never'를 정확하고 엄격하게 가르쳐라

해야 할 일이 무엇인지, 하지 말아야 할 일이 무엇인지 아는 것. 사람과 사람 사이의 출발점은 바로 여기에서 시작된다. 요즘의 교육은 '마라'는 말은 사용하지 않는 게 좋은 교육이라고 잘못 인식되어 있다. 작은 꽃을 찾아내어 '예쁘다'고 감탄하는 것이 아이들이라면 벌레를 밟아 죽이는 것 또한 아이들이다. 아이들은 지금 가치관을 형성하고 있는 중이며 아이가 가진 천사의 마음을 지속시키는 것이 교육의 힘이다. 옳고 그름을 분명히 알려 주는 데 '해야 한다'는 말보다 더 강하게 전달되는 것이 때로 '하지 마라'이다. 절대 하지 말아야 할 일은 아이를 똑바로 쳐다보며 이야기하라. 하지 마라!

남에게 해서는 안 되는 일

- 때리면(모든 폭력) 절대 안 된다.
- 상대방을 비난하는 말은 하지 마라.
- 규칙과 질서를 깨뜨리는 일을 하지 마라.
- 남을 불편하게 하는 일을 하지 마라.
- 내가 당하면 싫은 일을 남에게 하지 마라.

모든 아이가 내 아이다. '모든 내 아이'를 위해 지금, 하지 갈아야 할 것을 단호하고 엄격하게 가르쳐야 한다.

초겨울 어느 주말, 원고를 쓰고 있는데 지인으로부터 영화 한 편 보자는 연락이 왔습니다. 하루 종일 원고와 마주하던 저는 엉클어진 생각도 잠시 쉴 겸 흔쾌히 응했지요. 〈The Help〉라는 영화였고 저에게 이 영화는 특별했습니다.

흑인 가정부 에이블린이 그녀가 양육하는 아이의 눈을 바라보며 또박또박 전하는 대사,

"You is kind. You is smart. You is important."

이 대사만으로도 영화는 제게 아주 특별한 영화가 되었습니다. 그녀는 and를 넣지 않았지요. "너는 똑똑하고, 친절하고, 소중하다."가 아니라 반드시 '너는(You)'을 넣었습니다. 시나리오 작가의 의도가 어떠하든 '친절하고 똑똑하고 소중한 건 얘야, 바로 네! 너란다.'라고 저한테는 그렇게 메시지가 전해졌습니다.

"너는 친절하단다. 너는 똑똑하단다. 너는 소중하단다."

이 말을 따라하는 아이의 얼굴에 피어나던 부드러운 미소와 환한 얼굴. 아이는 눈빛으로 이미 '나는 소중한 존재야.'라고 말하고 있었습니다. 이 말은 단순한 말이 아니었습니다. 아이에게 생명을 불어넣는 소중한 그 무엇이었습니다.

아이는 어느 날 말합니다.

"에이블린, 나의 진짜 엄마는 당신이에요."

가정의 평화는 아빠가 지킨다

 ## 엄마의 역할을 뛰어넘는 아빠의 역할

영화에서 아름다운 백인 엄마 리폴트는 자신과 닮지 않은, 예쁘지 않은 딸을 사랑하지 않습니다. 아이를 한 번도 업어 준 적 없는 엄마. 밤 내내 아기의 젖은 기저귀도 갈아 주지 않는 그녀가 둘째 아이를 임신합니다.

흑인 가정부는 이렇게 말합니다. "그녀는 아이를 가지면 안 돼요."

참 냉정한 말입니다만, 전후맥락상 이 말보다 경쾌한 말이 또 있을까 싶습니다. 자신이 낳은 아이를 귀찮아하고 미워하는 엄마. 그 엄마가 또 다른 아이를 가져서 축하를 받는 모습. 그 축하에 행복해하는 엄마. 새로 생기는 아기는 그녀에게 과연 축복의 존재일까요?

“리폴트 부인은 아이를 한 번도 업어 주지 않았어요. 출산우울증이 꽤 심한가 봐요.”

이 대사를 접하며 아빠의 역할에 대해 떠올랐습니다. 그런데 아이의 아빠는 도대체 어디에 있는 건가요? 이때 아이에게 아빠라는 존재가 분명했더라면 아이는 슬프지 않았을 것입니다. 영화는 시대적인 특성 때문인지, 이야기의 핵심이 아니어서인지 아이의 양육에 대한 아빠의 영향력은 거의 그려지지 않았습니다. 그런데 엄마의 사랑을 받지 못하는 아이, 아빠의 사랑조차 받지 못하는 이 아이에게 동생까지 생길 위기가 펼쳐집니다.

“저는요, 진짜 애가 귀찮아요.”

어느 날, 유치원에 상담을 온 민진 엄마는 미간을 찌푸리며 말합니다.

엄마는 두 달 후에 출산 예정이라는 뱃속의 둘째 아이에 대해서도 이렇게 말합니다.

“둘째도 어떻게 키울지 진짜 막막해요.

“그래서인데요, 민진이는 종일반 맡기려고요. 애랑 종일 있으면 미칠 것 같아요.”

마침 큰 아이, 민진이는 아빠와 함께 어항의 물고기를 관찰하고 있습니다. 아이가 엄마의 이야기를 안 듣는 것만으로도 그나마 다행입니다. 뱃속의 아이도 안 들었으면 좋겠습니다. 그러나 엄마와 이야기를 나누노라면 뭔가 해법이 나올 듯도 합니다. 역시 좀 더 이야기를 나누어

보니 그리 놀랄 만한 건 아니었습니다. 엄마는 현재 산전우울증을 겪고 있는 것입니다.

산후우울증만 있는 게 아닙니다. 산전우울증, 일반적으로 표현하면 임신우울증이라고 하지요. 내 아이를 세상 밖에 놓을 두려움, 엄마로서의 막막함과 신체적 어려움 등이 복합적으로 작용해 엄마를 극도의 신경쇠약증으로 몰아가는 경우입니다. 만약 이미 아이가 있다면 그 아이의 양육에 대한 부담도 만만한 게 아닙니다. 특히 큰 아이가 남자아이인 경우 아이의 활동량을 엄마가 도저히 따라갈 수가 없어 임신 중인 엄마는 신체적으로도 힘이 부칩니다. 심신이 허약해지고 지치다 보니 "모든 게 귀찮아. 다 귀찮아. 힘들어."로 나타나는 겁니다.

모든 게 준비되어 있어도 쉽지 않은 시기가 임신 기간입니다. 큰 아이에 대한 양육 부담, 특히 입덧이나 몸이 힘든 경우 상황은 최악이 됩니다. 이때 아빠의 역할에 따라 가정은 평화로워지고 그렇지 않은 경우에는 가정은 항상 어두우며 아이는 정서적으로 불안정해서 행동 또한 불안합니다. 그럴수록 부모의 눈에 비치는 아이는 산만하고 부산스러워 보이지요. 당연히 아이가 사랑스러워 보일 리 없습니다. 그 영향은 훗날 태어난 동생에게 고스란히 돌아갑니다. 귀찮은 존재로 취급 받고 부모로부터 미움을 받는다고 생각하는 아이가 동생을 사랑할 수 없지요.

그러나 아이 입장이 되어 보면 아이는 정말 딱한 처지입니다.

'엄마는 동생 가졌다고 항상 힘들어하고 모든 말에 짜증이 섞여 있어! 나를 귀찮아 해. 놀아 주기는커녕 꾸중만 하그……. 나는 심심하다.

아빠랑 놀고 싶은데 아빠는 늦게 오신다. 언제나 나는 혼자다. 난 이제 겨우 여섯 살이다.'

아내가 임신했을 때

양육에 대해 공동으로 책임을 느끼는 아빠들이 많아진 것을 참 다행이라고 생각하며, 아이가 아내 뱃속에 있을 때 이미 세상에 태어난 아이에 대한 막중한 임무를 이 장을 통해 아빠들에게 다시 강조합니다. 아내가 임신을 했을 때 어느 때보다도 많은 사랑을 주어서 아내 스스로 흠뻑 사랑을 받고 있다고 느끼게 해 주세요. 아내가 정서적으로 안정되어야 가정이 편안합니다. 웬만하면 일찍 귀가해서 가사 일을 분담해 주세요. 아내는 인생 전체를 걸고 현재 임신 중입니다. 다른 일이 있더라도 인생 걸만한 일 아니라면 만사 제치고 일찍 귀가해야 합니다.

인생을 걸 일이 집에서 아빠를 기다리고 있습니다. 일찍 귀가해서 해야 할 일 중에 제일 중요한 일이 아이와 놀아 주는 일입니다. 살림도 하라면서 애와 놀아 줄 시간이 어디 있냐고요? 아이와 함께 살림하세요. 아빠가 앞치마 입으면 아이도 앞치마 입혀 주세요. 장담하건대, 아이들은 이 놀이를 정말 좋아합니다.

아빠가 청소할 때 아이도 동참시키세요. 요리를 한다면 아빠도 머릿수건 쓰고 아이도 머릿수건 씌워 주세요. 유아교육기관에서 아이들과

 아이의 사회성 아빠가 키운다

함께 요리를 해 보면, 유아들은 앞치마 두르고 머릿수건 쓰는 걸 정말 좋아합니다. 요리사가 되었다는 기분을 한껏 느끼게 되거든요.

요리를 할 때에도 아이를 적극 동참시키세요. 채소도 함께 다듬고, 숟가락과 젓가락도 식탁에 놓게 하고 밥그릇도 나르게 해 주세요. 이때 아이는 채소 이름 알기, 요리 순서 익히기 등 언어적 확장을 하게 되고 재료의 변화 등 과학적 경험을 하게 되며, 수학의 서열 개념 등에 대해서도 자연스럽게 익히게 됩니다. 유아기 교육은 아이의 경험이 실생활과 연관될 때 가장 효과적이므로 학습지보다도 더 효과적인 학습이 아빠와의 놀이시간을 통해 이루어집니다. 아빠와 놀면서 교육효과를 얻는다면 그야말로 일석삼조의 효과입니다.

먼저 아빠와의 언어적 소통이 일어나고, 다음으로 아빠와 함께하는 모든 것이 아빠와 함께 놀이를 하는 것이라고 생각하는 아이는 행복하며, 또한 아빠와의 놀이를 통해 정서적 안정감이 형성되고 아울러 엄마와의 결핍된 시간이 아빠로부터 충족되므로 아이의 행동이 원만해집니다. 이 책 모든 곳에서 권장하는 아빠의 역할이 자연스럽게 실천되는 것입니다.

아내에게는 신체적으로 편안한 시간, 정서적으로 안정된 시간, 그리고 행복한 시간이 됩니다. 이 행복이 태아에게, 아이에게, 남편에게 다시 부메랑이 되어 돌아옵니다. 편안하고 화목한 가정에서 아이는 더 잘 자라게 됩니다.

그리고 아빠, 잊지 말고 하루에 한 번은 아이와 얼굴을 마주하며 영화 속의 표현을 해 주면 좋겠습니다. "너는 친절하단다. 너는 똑똑하단다. 너는 소중하단다." 아울러 이 말도 덧붙이세요. "네가 아빠 딸(아들)이라는 게 정말 자랑스러워." 이 말을 할 때는 아이를 안아 주면서 눈을 바라보며 따뜻하게 말해 준다면 더 좋겠습니다.

아이에게 사랑을 표현해 주는 흑인 가정부의 교육적 언어를 모티브로 영화에 등장한 아이 엄마의 임신, 그리고 실제의 상담 이야기 등을 조각조각 모아서 아빠의 역할과 연결되는 스토리텔링을 펼쳐 보았습니다.

짚어 보니 가정의 핵심이 아빠라는 사실로 다시 모아집니다. 아빠가 아내를 사랑하고 아빠가 아이를 사랑하면 가정이 사랑으로 가득합니다. 그 가정에서 자란 아이는 사랑과 행복으로 충만합니다. 사랑으로 가득한 가정이 사회를 구성하면 이 세상 전체가 행복합니다. 진실로 아름답고 행복한 세상을 아빠들이 만들 수 있습니다. 아빠만이 할 수 있는 대단한 일입니다. 위대한 이름, 아빠! 우리 아이들이 아빠를 바라보며 말합니다.

"아빠, 아빤 정말 대단해요."

아빠가 하는 마법의 칭찬과 꾸중의 스킬

1. 칭찬은 구체적으로

▶ **칭찬받을 행동에 대해 칭찬하기**

㉔ 도움을 주었을 때

(구체적 칭찬) "네가 도와줘서 일을 잘 마쳤단다. 고마워!"

(비구체적인 칭찬) "넌 참 착하구나!"

▶ **칭찬 남발하지 않기**

칭찬은 좋은 것이나, 남발하게 되면 아이는 칭찬을 더 이상 신뢰하지 않음.

2. 훈육과 꾸중도 구체적으로 하기

▶ **그 행동에 대해 꾸중하기**

㉔ 아이가 무슨 일인가 도와주려고 행동하다 실수를 했다면,

"다치지 않았니? 놀라지는 않았니? 조심해야겠구나."

㉔ 만약 고의로 잘못을 했을 때는 잘못한 행동만 지적하기

3. 꾸중과 훈육으로 아이를 자책감과 자기비하에 빠뜨릴 의도가 없다면 훈육을 할 때 절대 하지 않아야 할 것

▶ **과거의 것을 들추지 않기**

"또 그랬어? 지난번에도 그러더니!"

▶ **아이 전체가 문제인 양 말하지 않기**

"넌 애가 왜 그 모양이니?"

"누굴 닮아 그렇니?"

"그렇게 말해도 왜 못 알아듣는 거야?"

"네가 하는 일이 그렇지, 뭐!"

"그럼, 그렇지. 그럴 줄 알았다."

유민이는 다섯 살 난 남자아이입니다. 어느 날, 유민이의 엄마가 상담을 원하는 전화를 했습니다. 1학기 중간인 5월에 담임선생님과의 상담이 있었고 그로부터 2주도 안 지났는데 이번에는 원장 선생님과의 특별 상담을 신청한 것이지요.

'혹시 유민이에게 무슨 일이?' 원장 선생님은 궁금했습니다. 그리고 일주일 후로 상담 일정을 정했지요. 원장님은 유민이 엄마가 상담을 신청한 때부터 유민이의 여러 활동을 조심스럽게 관찰하고 대화도 나누어 보았습니다.

유민이 엄마와 상담을 하는 시간.

"유민이 어머님, 유민이가 가정에서 어떻게 지내는지 얘기해 주시겠어요?"

"원장님, 유민이가요. 애기처럼 기어 다니고, 손가락 빨고 애기 우유 뺏어 빨고, 제가 자리를 비우면 애를 꼬집어 울리고……."

"유민이 동생이 지금 몇 개월인가요?"

"제가 원서를 쓰러 올 때 바로 출산을 앞두고 있어서 조금 일찍 원서를 썼잖아요. 그러니까 지금 애기가 6개월 됐어요."

아, 유민이에게 동생이 생겼군요. 예쁘고도 미운 존재, 동생이 있었습니다. 유민이에게!

동생이 생긴 아이에게 아빠는……

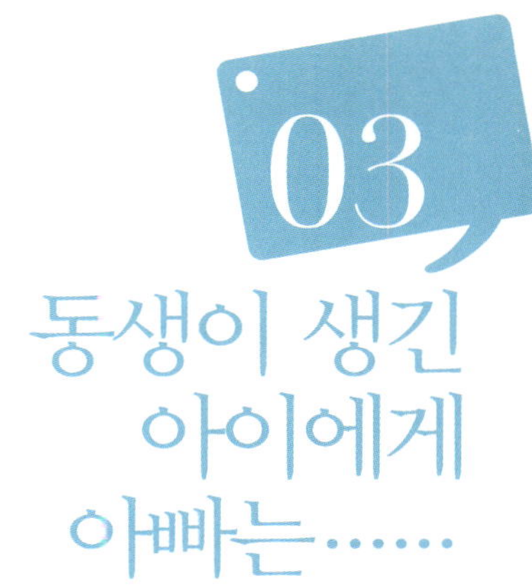

 ## 아이의 경쟁자, 동생

이 이야기는 유민이네만의 이야기는 아닙니다. 오랫동안 유아들과 유아를 둔 엄마들, 초등생 학부모님들을 만나 오면서 동생을 본 아이들의 슬픔을 많이 보아 왔지요. 그런데 동생을 본 아이의 슬픔을 알아주는 사람이 없습니다. 그래서 아이는 더 외롭고 슬픕니다.

갓 태어난 생명이 너무 예쁘고, 돌보느라 여념이 없는 까닭에 그 아기 때문에 소외되고, 갑자기 형이 되고 언니가 되고 누나가 된, 아직은 어린 자녀를 잊고 있기 때문입니다. 게다가 갓난아기보다 상대적으로 크다는 생각에 아이를 큰 아이 반열에 올려놓고 갑자기 의젓하고 씩씩하기를 바라는 부모의 생각 때문입니다. 그러나 동생이 생겼다고 아이가 부모가 생각하듯 어른스러워질 수 있을까요?

더구나 부모의 사랑을 송두리째 빼앗긴 아이의 마음은 슬픔보다 더 큰 무엇이 있습니다. 질투라는 말로도 부족합니다. 이 복잡한 감정을 누군가 이해해 주고 인정해 주고 위로라도 해 주면 좋으련만, 날마다 돌아오는 건 꾸중이고 구박뿐입니다. 누가 형 되고 싶다고 했습니까? 누가 언니 되고 싶다고 했나요? 엄마나 아빠 누구 한 분이라도 동생 보는 것에 대해 아이와 의논이라도 했나요? 설령 아이가 동생 낳아 달라 그 떼를 부리고 졸랐다 하더라도, 그렇게 해서 동생이 생겼다 하더라도 아이에게 동생이라는 존재는 예쁘기만 한 건 아닙니다. 그럴 줄 몰랐지요. 동생이 생기는 순간 엄마, 아빠의 사랑이 몽땅 동생한테 갈 줄은 꿈에도 몰랐던 거지요. 사랑을 뺏기기만 한 게 아니라 구박덩이가 될 줄이야!

아빠의 역할이 커지는 시기가 바로 이때입니다. 아빠의 손길을 절실히 필요로 하는 아이가 아빠를 바라보고 있습니다. 그 아이는 외롭고 슬픕니다. 느닷없이 생긴 경쟁자. 꼬물꼬물 귀엽고 예쁩니다만 어떨 때는 참 밉습니다. 진짜 인형 같아 귀엽기 그지없습니다만 어떨 때는 없었으면 좋겠습니다. 저 꼬물거리는 동생이 없었을 때는 엄마, 아빠의 사랑이 다 내 거였는데, 이제 아이는 느닷없이 생긴 동생 때문에 형이 되고 언니가 되고 누나가 되었습니다. 그리고 엄마, 아빠는 말끝마다 이렇게 말하지요. "형님이니까 더 의젓해야지?", "누나가 되었으니까 동생 예뻐해야지?" 엄마는 아기만 안고 예뻐합니다. 조금만 울어도 얼른 안

 아이의 사회성 아빠가 키운다

아 주고 똥을 싼 기저귀를 갈면서도 뭐가 그리 좋은지 애기 똥 색깔이 예쁘다고 합니다.

내가 밥을 안 먹으면 꾸중하면서 아기가 젖을 안 먹으면 걱정을 합니다. 내가 응가 마렵다고 하면 "얼른 화장실 가면 되지, 왜 칭얼거리니." 라고 합니다. 동생은 조금만 울어도 기저귀 봐 주고 예뻐하는데 도무지 나한테는 관심이 없습니다. 슬픕니다.

너무도 슬프고 외로운 아이는 어느 날 생각합니다. '나도 아기가 되고 싶다. 나도 아기처럼 해야겠다. 그러면 사랑받을 수 있겠지.' 그래서 어느 날 멀쩡히 걷던 걸음 포기하고 기어 다닙니다. 그러다 엄마한테 엉덩이 한 대 맞습니다.

"애가 왜 안 하던 짓 하고 그래. 네가 애기야?"

그리고 퇴근해 들어온 아빠한테 고자질까지 합니다.

"여보, 애 진짜 이상해. 기어 다니지를 않나. 애가 왜 이렇게 말을 안 듣는지 몰라."

아, 아이는 말을 안 들은 적이 없는데 엄마는 억울하기 짝이 없는 이야기로 모함까지 합니다. 아빠의 반응은 더 절망적입니다.

"너, 왜 그래? 왜 점점 엄마 말 안 들어. 동생이 생겼으면 더 의젓해져야지. 왜 엄마 힘들게 해!"

억울합니다. 엄마만 힘든가요? 나도 힘든데 아무도 알아주지 않습니다. 이럴 땐 아빠가 더 밉습니다.

나도 사랑받고 싶어

동생이 생길 나이면 아이도 행동반경이 넓어지는 시기이고 이런저런 행동의 결과들이 많아지는 게 당연한 것인데, 아빠는 전혀 이해할 생각은 안 하고 일방적으로 잘못을 지적합니다. 그뿐인가요. 꾸중의 완결편 다시 묻기!

"너, 다음부터 그럴 거야, 안 그럴 거야?"

이런 불합리한 단답식 질문이 어디 있습니까. 엄마의 관심을 받고 싶어 잠시 아기처럼 기는 행동을 했던 아이는 뭘 잘못했는지도 모르고 당해야 합니다. 그러니 대답을 할 수 없지요. 바로 "안 할게요."라는 대답을 기다렸던 아빠는 더 화가 납니다.

"너, 대답 안 해? 계속 그럴 거야? 또 할 거야, 안 할 거야?"

아이는 영문을 몰라 억울하지만 무서운 분위기에 눌려 대답합니다.

"안 할 거예요."

"안 할 거지? 약속한 거다. 다음부터 또 애기짓하면 혼난다."

아이가 앞으로 애기짓을 안 할까요? 아이는 약속한 것이 아닙니다. 아빠가 원한 대답을 한 것뿐입니다. 전문가로서 단언컨대, 아이는 다음에 이런 행동을 또 할 겁니다. 아이는 자신의 행동 중 무엇이 잘못된 건지 모르니까요. '애기짓'이라고 하는 게 왜 나쁜 건가요? 애기짓 하면 애기처럼 사랑받을지도 모른다는 생각으로 하는 것인데, 그게 어디가 잘못된 건가요?

아이의 사회성 아빠가 키운다

아빠는 아이가 왜 그런 행동을 하는지 먼저 이해를 해야 합니다. 아이는 지금 동생으로 인해 기쁘면서도 슬프고 귀여우면서도 밉고, 사랑을 빼앗겼다는 질투의 마음으로 가득합니다. 어쩔 줄 모르는 것입니다. 생애 최초의 혼돈 상태일지도 모르는 이 난감함. 동생 때문입니다.

이 시기에 유민에게는 '유민이를 잘 챙겨 주는', '유민이밖에 모르는' 아빠가 필요합니다. 퇴근해서 집에 오면 아빠는 먼저 유민이를 안아 주세요. 아가한테는 눈길을 주지도 말고 유민이에게 큰 소리로 외치듯 말하는 겁니다.

"유민아, 아빠는 유민이 무지 보고 싶었다. 우리 유민이, 안아 보자."

그러면서 번쩍 안아 주는 겁니다. 아빠라고 왜 꼬물락거리는 아가가 먼저 눈에 들어오지 않겠습니까? 그러나 지금은 가엾은 유민이가 먼저입니다. 아기를 보러 갈 때는 유민이에게 허락도 구하세요.

"유민아, 아가 보러 갈까?"

이때 유민이가 싫다고 할까요? 흡족스러울 만큼 아빠에게 안겼던 유민이도 아가가 살짝 보고 싶어집니다. 사실은 유민이도 동생이 귀엽고 사랑스럽거든요. 사랑을 빼앗겼다는 상실감 때문에 감정의 혼선이 온 것뿐이지요.

그런데 아빠가 반드시 하셔야 할 것은 아가한테 가서도 유민이가 상실감을 느끼지 않도록 하는 것입니다. 아가를 만질 때도 유민이를 안고 있거나 아빠 옆에 찰싹 붙여 놓는 것이지요. 아가에게 말을 하면서도 유민이가 소속감을 느끼게 하는 것입니다.

"우리 아가, 잘 지냈어? 어~ 예쁘다." 대신에, "유민아, 아가 예쁘지? 아가 잘 지냈냐고 물어봐."라고 하는 게 좋습니다.

엄마가 아기에게 수유할 때는 아빠가 유민이를 품에 안아 주거나 놀아 주세요. "아, 아빠 숨 막혀요. 좀 놓으세요." 할 때까지. 그 다음엔 놀아 주세요. 아빠가 수유를 할 때는 엄마가 유민이를 안아 주면 됩니다. 아빠의 역할뿐 아니라 남편의 역할이 더 중요해지고 의미 있어지는 시기가 바로 이 무렵입니다.

갓난아기 보살피기에도 벅찬 아내한테 모두 맡기면 아이는 점점 더 힘듭니다. 동생에게 사랑을 빼앗겼다는 상실감과 인정받지 못하는 현실을 감지한 아이는 점점 더 심한 퇴행현상을 보입니다. 또 혼나고 꾸중을 듣는 악순환의 반복. 게다가 지금 보이는 일시적 퇴행현상뿐 아니라 꾸중 듣고 주눅 든 아이는 정서적으로 균형 잡힌 발달을 하지 못합니다. 심지어 부모가 안 보는 데서 아기를 꼬집기도 하고 엉덩이로 깔고 앉기도 합니다. 그러다 보면 가정의 분위기는 편치 않아지겠지요. 엄마와 아기, 아이와 엄마, 그리고 아빠 모두 쉽지 않은 시기를 보내게 됩니다.

야단치지 마세요. 아이는 상황을 이해하기에는 아직 어렵습니다. 갑자기 형, 누나, 언니로 승격시켜 놓고 의젓해지기를 강요하지 마세요. 아직 어린아이일 뿐입니다. 아이에게 왜 안 하던 짓을 하느냐고 다그치지 마세요. 아이는 부모의 사랑을 잃은 청천벽력 같은 슬픔을 겪고 있는 중입니다. 그 슬픔을 위로받기는커녕 동생을 사랑하라고 강요까지 하니 그렇게 억울하고 분한 일이 또 어디에 있을까요.

 아이의 사회성 아빠가 키운다

　　우리 어른들도 슬픔을 알아주고 힘들 때 위로해 주는 사람이 필요합니다. 부모님의 사랑을 잃었다고 믿는 이 아이의 심정이 오죽하겠어요. 그래도 아이들이 얼마나 자신의 동생을 이해하려고 애쓰고 사랑하는지, 아이들 대화를 살펴보면 아실 것 같습니다.

규언 (61개월) 나, 쉬는 날 규림이(동생 이름) 때문에 화났다!

성빈 (62개월) 왜?

규언 규림이가 맨날 나한테 먹을 거 달라 그래. 자기 꺼는 다 먹고.

 내 동생은 맨날 나 때려.

 규림이는 저번 날에 내 책주머니에 규림이 팬티도 넣었어.

 와, 진짜 웃기다. 힘들겠다, 규언아.

 그래도 괜찮아. 힘들지 않아. 내 동생이니깐 내가 참아야지.

동생을 가진 규언이와 성빈이는 동병상련의 아픔으로 이야기를 시작하여 동생을 향한 애틋한 사랑으로 마무리합니다.

 ## 먼저 채워 주면 넘치는 사랑

아이들은 이렇게 화가 나도 참고, 고민도 하며 동생을 생각하고 있는 겁니다. 그리고 '내 동생이니깐 내가 참아야지.'로 마무리하는 의젓함도 있습니다.

우리 아이들을 아기보다 더 많이 안아 주고, 더 많이 사랑해 주고, 함께 놀아 주세요. 때로 아이에게 아가도 안아 보게 허락하세요. 부모님으로부터 충분한 위로와 사랑을 받으면 아이의 마음이 관대해지고 한결 의젓해집니다. 부모의 이해와 사랑을 되찾은 아이는 동생을 사랑하게 되고 퇴행현상도 자연히 사라집니다. 부모에게 만족할 만한 사랑을 받았는데, 왜 그토록 예쁘고 귀여운 동생을 미워하겠어요? 왜 불편하게 기고 젖병에 우유 먹겠다고 조르다 꾸중 듣겠어요? 그러면 다음의 이야기처럼 사랑이 넘치고 넘치는 이야기가 또 나오겠지요.

어린이집에서 생일파티를 하고 음식을 먹는 시간이 되었습니다. 48개월 은찬이가 과자 한 개를 만지작거리며 먹지 않고 있습니다. 은찬이가 얼마나 과자를 좋아하는지 아는 선생님은 의아해서 물었습니다.

선생님　은찬아, 과자 안 먹어요?

은찬　음…… 아니요.

선생님　그런데 왜 안 먹어요?

은찬　은조가 과자 먹고 싶다고 했거든요.

은조는 은찬이의 동생입니다. 48개월 은찬이가 먹고 싶은 과자 한 개를 차마 먹지 못하고 동생 은조를 생각하며 만지작거리고 있는 어느 늦가을 날이었습니다.

퇴행현상과 관심

동생이 생겼을 때 아이가 기는 것은 아기처럼 기면 관심받을 수 있다는 아이 중심적 사고를 하는 까닭이다. 동생이 생겼을 때 젖병에 우유를 먹고 싶다고 떼를 부릴 때는 자신도 아가처럼 젖병에 우유를 먹으면 아기가 될지도 모른다고, 그러면 잃었던 가족의 사랑을 되찾을 수 있을 것이라는 아이다운 발상에서 나온 것이다. 이것을 '퇴행현상'이라고 하지만 아이에게는 잃어버린 관심과 사랑을 찾는 생존 방식이다.

아기가 엄마 뱃속에 있을 때 아이가 엄마 배를 만져 보도록 해라. 아이에게 아기를 낳으러 병원 가기 전에 집에 올 때는 아기와 함께 온다는 것도 이야기해라. 물론 병원에서 볼 수 있다는 것도 이야기해 주자. 아기를 더 많이 안아 주어야 하는 이유도 알려 주자. 알려 주는 건 존중이다. 아이를 인격체로 존중하는 방법에는 '알려 주고 이야기해 주는' 것이 포함된다. 존중받은 아이는 배려심도 생긴다. 무엇보다 아이의 퇴행현상을 자연스런 현상으로 이해하고, 더 많이 안아 주자.

에피소드 1

늦가을의 햇살이 교실 가득 들어오는 오후입니다. 5세반 유아, 민서와 규영이가 열심히 그림에 색칠을 하고 있습니다. 49개월 민서가 색칠을 하면서,

민서 (고개도 들지 않고) 나는 도현이가 좋아.

규영 (규영이도 색칠을 하면서) 그럼 결혼할 거야?

민서 (고개를 들며) 응!

규영 (이제 민서를 쳐다보며) 그럼 뽀뽀할 거야?

민서 (고개를 저으며) 아니!

규영 뽀뽀하면('뽀뽀해야'라는 표현인 것 같습니다.) 결혼하는 거야.

옆에서 듣고 있던 시연이가 얼른 대답해 줍니다.

시연 맞아. 뽀뽀하면 결혼해야 해.

뽀뽀하거나 뽀뽀를 해야 결혼한다는 다섯 살 유아들의 '결혼관'이었습니다.

에피소드 2

진하와 정하는 46개월 쌍둥이입니다. 오늘은 생일잔치를 한 날, 생일선물도 많이 받은 둘은 정말 기분이 좋습니다. 선생님은 선물을 담은 쇼핑백에 '별표(☆) 이진하', '하트(♡) 이정하'라고 그림을 그려 주었습니다. 각자 자신의 것을 정말 잘 챙기는 쌍둥이라서 선생님은 혼돈되지 말라고 그림을 그려준 것인데,

진하 선생님, 여기 내 꺼 별 그렸어요? 정하는 하트 그렸어요?

선생님 네.

진하 정하는 왜 하트야? 아~ 사랑해서?

선생님 맞아요. 선생님이 정하 사랑해서 하트 그렸지.

진하 그럼 결혼해.

선생님 그래. 정하랑 결혼할까?

선생님은 진하의 쇼핑백에도 하트를 그려 주었습니다.

진하 나도 하트? 그럼 나도 결혼해?

4세 유아들의 사랑과 결혼 이야기였습니다.

아름다운 부부, 아름다운 성

자연스런 표정으로 대답하는 아빠

과학＋알파가 모여 생명체를 이룬다고 합니다. 인체라는 생명체처럼 오묘하고 설명하기 어려운 대상이 있을까요. 이 가운데 '성'을 이야기하는 것은 은밀하고 조심스럽기만 합니다. 특히 유아들의 성, 아직 어린 시기의 아이들에게 '성'을 말한다는 것은 쉽지 않지요.

그런데 아이들은 호기심 가득한 세상에서 살고 있습니다. 궁금한 것도 많고 질문도 많지요. 어떤 때는 아이들의 거칠 것 없는 질문에 어른이 오히려 당황합니다. 아이는 모르고 질문한 것이라 천진한 표정이고, 어른은 알기 때문에 당황한 것이지요.

유아들의 질문에 당황할 필요 없습니다. 다만 궁금한 것이니까요. 의도가 없습니다. 자연스런 표정을 지으며 대답하는 게 좋습니다. 대답할 말이 준비되어 있지 않을 때 제일 좋은 방법은 '다시 묻기'입니다. "넌 어떻게 생각하는데?" 하며 질문자에게 다시 물어보는 것입니다. 그리고 자연스럽게, 편안한 표정으로 대답을 해 주세요. 아이들의 질문에서 무 건가를 캐내려 하지 않아도 됩니다. 그냥 물어보는 것일 수 있습니다. 느닷없이 어느 날, 아이들은 궁금했던 것입니다.

 ## 우리도 결혼하면 짝짓기해요?

유아교육기관에서 가장 나이 많은 연령, 7세반 유아들이 생각하는 성은 어떨까요?

7세반 관찰 영역에서 키우는 거북이 볕을 쐬기 위해 돌 위로 겹겹이 올라섭니다. 마침 관찰 영역에서 거북을 관찰하던 유아가 "애들아, 거북 이 짝짓기해. 봐 봐." 하며 소리를 쳤습니다. 아이들 몇 명이 거북을 보러 모여드는데 독서 영역에서 책을 읽던 준희가 아무렇지도 않은 듯한 목소 리로 "둘이 결혼했나 봐." 합니다. 선생님이 도움을 줍니다.

선생님 아직 어려서 짝짓기 못해요. 아직 아기 거북이거든.

유아들 맞다. 애기였어.

준희 맞아. 거북이는 우리보다 동생이야. 근데 선생님, 우리도 결혼 하면 짝짓기해요?

그러자 옆에 있던 75개월 성민이가 바로 대답합니다.

성민 우리는 아직 애들이라 짝짓기 못해. 커야 할 수 있어.

준희 그니까(그러니까) 내 말은 어른 돼서 결혼하면 할 수 있는 거냐구 물은 거지. 누가 애들인 거 몰라?

성민 아~, 그럼 결혼하면 하는 거지. 그쵸, 선생님?

선생님 그럼, 결혼하면 가능하지.

역시 7세반은 가끔 논리의 비약이 있기도 하지만 대화가 되는 연령입니다. 만약 가정에서 우리 아이가 아빠한테 이런 질문을 했다면 아빠는 어떻게 대화에 응하겠어요?

'쬐끄만 게 별 걸 다 물어.'라는 생각을 하면 답이 잘 안 나옵니다. '우리 아이가 건강하게 잘 자라고 있구나.' 이렇게 생각하면 즐거운 마음으로 대화를 할 수 있지요.

아빠 그게 궁금해?

아들 응.

아빠 넌 어떻게 생각하는데? 아빠는 네 생각이 궁금해.

이 정도로 대화에 응해 주면 정말 자연스런 대화가 됩니다. "별 걸 다 물어보네. 엄마한테 물어봐." 하며 아이를 무안하게 하지 마세요. 아빠의 반응이 강하고 태도가 어색할수록 아이는 오히려 이상한 생각이 들며 집요한 관심을 보일 수도 있습니다. 아빠의 태도 여하에 따라 호기심과 재미있는 이야기로 그칠 수 있고, 이상하고 더 궁금해지는 그 무언가가 될 수도 있습니다.

아이들의 호기심은 어른이 긍정적으로 반응을 보여 주는 것만으로도 채워지는 것이니까요. 때에 따라서 아이가 호기심을 보이는 부분에 맞는 동화책을 찾아 읽어 주는 것도 좋습니다.

놀라운 질문, 담담한 반응

유아기의 아이들이 좋아하는 용어가 있습니다. 이 말만 나와도 까르르 넘어가게 웃지요. 바로 배꼽, 엉덩이, 찌찌 등입니다. 약간 은밀한 신체 부위라는 공통점이 있다는 데서 유아들이 즐거워하는 것, 눈치챘나요? 이 시기 아이들의 발달 특징인 것입니다. 4세, 5세 유아들이 하는 손 유희 중 '눈은 어디 있나, 요기!'라는 것이 있지요. 마지막에 "엉덩이는 어디 있을까, 여기!" 하는 대목에서 유아들 모두는 신나게 웃습니다. 평소에 자주 만지지도, 말하지도 못하는 조심스럽고 비밀스러운 신체 부위. 이것을 노래를 통해 그것도 선생님과 친구들 모두가 엉덩이를 만지며 '엉덩이'라고 발음하는 일, 카타르시스지요. 은밀하다고 느끼는 이런 신체 부위들을 때로 아무렇지도 않게 밖으로 툭 언급해 주는 일은 이 시기 아이들에게 불필요한 호기심을 갖지 않게 하는 일이기도 합니다.

어릴수록 "만지지 마. 하지 마." 하는 금기의 것에 더 호기심을 갖는 것을 우리는 자주 보아왔습니다.

 아이의 사회성 아빠가 키운다

"선생님, 남자만 고추 있는 거지요?"라고 묻는 다섯 살 남자아이가 있었습니다. 이 반 담임선생님은 이제 교사 생활 1년차인 선생님이었습니다. 선생님이 당황하거나 안색이 변했을까요? 아닙니다. 아무렇지도 않은 듯 대답해 주었습니다.

"그렇지요. 남자에게만 있어요." 그러면 이 다섯 살 아이가 선생님에게 다음 질문을 했을까요? 아닙니다. 아이는 친구에게 가서 호기롭게 이렇게 말했습니다.

"거 봐. 남자한테만 있는 거래잖아. 선생님이." 그뿐이었습니다. 궁금해하는 것에 놀랄 것 없습니다. 특히 성에 대해서는 담담해야 합니다.

발달이론의 단계를 보면 구강기가 있습니다. 아기일 때는 무엇이든 입으로 가져가고 입으로 빠는 것을 흔히 봅니다. 자연스런 발달단계로 받아들이고 허용해 주어야 합니다. 엄마의 젖을 충분히 빨게 하고 장난감이나 기타 아기의 손에 닿는 것은 안전하게 하며 청결하게 해 주면 됩니다. 간혹 구석에 있는 쓰레기통까지 엎어 놓고 뒤져서 입으로 가져가 빠는 아기도 있습니다. "떼찌!" 하며 겁주는 게 능사는 아닙니다. 맘껏 입으로 탐색하게 하도록 해 주고 환경을 안전하고 청결하게 해 주어야 합니다.

그 다음은 항문기, 남근기로 이어집니다. 이 시기에는 고추를 만지작거리고 조물락거리기도 합니다. 만약 그 횟수가 잦다면 기저귀를 벗겨 놓지 마시고 채워 놓으세요. 고추가 밖에 나와 있으면 본능적으로 만지게 됩니다. 이 시기의 발달 특징이기 때문입니다. 이 특징을 모르는 부모가 놀란 나머지 과민반응을 보이면서 아이에게 신체적 충격을 주는 경우도 보았습니다. 안 됩니다.

유아는 성적 존재라고 합니다. 1세 구강기때에는 모유 수유 20분이 아이에게 옥시토신을 분비하게 하고 오르가즘의 기쁨도 느끼게 한다고 합니다. 건강한 성은 이렇게 태어난 이후부터 경험하는 것입니다. 2, 3세는 항문에 관심이 많으며, 3세 이후는 남근기로, 성기에 관심을 갖는다고 하지요.

우리가 잊지 말아야 할 것은 인간은 성적 존재이며, 이것을 부정할 때 건강하지 못한 성 관념을 가질 수 있으므로 위험하다는 것입니다. 그러므로 건강한 성은 신체적으로나 정신적으로 중요한 삶의 부분입니다. 건강한 성을 위해 아빠가 해야 할 몇 가지를 정리합니다.

# 아름다운 성, 부모로부터

성을 밝은 것으로 보게 해 주는 것도 아빠의 역할입니다. 왜냐하면 우리 아이가 생애 최초로 접하는 이성이 엄마 혹은 아빠이고, 성을 표현하는 모습을 경험하는 최초의 분도 엄마, 아빠이니까요.

자녀 앞에서 자연스런 스킨십도 좋습니다. 손도 잡으시고 볼에 뽀뽀도 하세요. 성은 '어둠 속에서'가 아니라 '밝은 곳에서의 사랑의 행

위'라는 것을 보여 주는 것이지요. 평소에 아빠가 엄마를 존중하며 사랑하는 모습을 본 아이는 성에 대해 긍정적으로 생각합니다. 성은 건강한 에너지가 교류되는 것이고 아이 자신은 사랑하는 사람들 사이에서 태어났다는 만족감을 갖게 되지요. 자기 자신에 대해 자긍심을 갖게 되는 것입니다.

반면에 성은 어둠의 산물이며, 나아가 자신이 그 산물이라는 죄책감을 갖게 하는 경우가 있습니다. 아이가 만들어지는 과정을 안 아이가 싸우는 부모, 서로 미워하는 부모, 평소 부부 싸움과 거친 말을 사용하는 부모를 본다면 이렇게 생각하겠지요. '나는 어떻게 만들었지? 사랑하지 않아도 아기는 만들 수 있고, 함께 잘 수 있구나. 난 그렇게 만들어진 거야. 저렇게 미워하는 사람들 사이에서 어떻게 내가 만들어지

고 태어났을까?’

부모가 불건전한 성의 롤모델이 된 겁니다. 뿐만 아니지요. 자신에 대해 미워하며 자학을 하게도 됩니다. ‘난 어쩌다 잘못 만들어진 쓸모없는 존재야.’ 이런 아이가 훗날 건전한 성생활을 할 수 있을까요? 행복한 결혼생활을 할 수 있을까요? 혹시 성은 단지 ‘행위’라는 잘못된 성 개념을 갖지는 않을까요.

‘성=어둠’이라는 인식이 ‘성=죄악’이라는 생각으로 고착화될 때 그 야말로 성은 무서운 것이 됩니다.

성은 사랑입니다. 성교육 전문가 구성애 선생님의 말씀이 마음에 울림을 줍니다.

“십대 낙태가 심각합니다. 성교육은 말로 하는 게 아니에요. 부부의 성이 아이에게 산 교육입니다. 부부의 성, 좋은 장면을 보이세요. 성을 밝게 알도록 보여 주세요. 부부가 평소에 자연스럽게 스킨십을 하는 모습을 자녀에게 보여 주고, 함께 산책하며 손잡고 걷기, 얼굴과 머리 쓰다듬기, 사랑의 언어로 스킨십 하기 등으로 ‘우리 부모님은 저렇게 사랑하는구나.’를 보여 주세요.”

부모가 서로 애틋하게 사랑하고 서로를 존중하는 모습을 보일 때 아이에게 심리적 안정은 물론, ‘건전하고 밝은 성’으로 연결될 수 있습니다.

부부 사이가 아이에게 ‘성교육’입니다. 아름다운 부모 사이는 아이에게 성은 아름다운 것이라는 믿음을 줍니다. 이런 아이들은 자라면서 성에 대해 호기심은 가지지만 성 문제를 일으킬 리 없습니다. 성을 더 이상 감출 수 있는 세상이 아닙니다. 우리 아이가 '야동과 어둠=성' 이라고 생각하기 전에 유아기부터 밝고 아름다운 부모로부터 아름다운 성을 학습하도록 멋진 부부, 아름다운 부모가 되길 바랍니다.

만약 아이가 자위행위를 한다면

- 깜짝 놀라지 마라. 당황하지 마라. 심각해하지 마라. 심각한 모습을 보이지 마라.
- 이유를 찾지 마라. 이유가 있을 수도 있고 없을 수도 있다.
- 일상의 변화로 인한(동생 봤을 때, 불안해서 또는 사랑을 빼앗겼다는 상실감 때문에 등) 일시적 현상일 수도 있다.
- 지나친 관찰을 하지 마라. 담담히 받아들여라. 아이가 죄책감을 가지면 그것이 더 문제일 수 있다.

대처방법

- 자위행위에 지나친 관심을 보이지 말고,
- 다른 것에 주의집중하도록 환경을 만들어 주고,
- 많이 뛰어 놀게 하고,
- 아이가 손으로 만지며 놀 수 있는 흥미로운 것을 많이 제공하고,
- 아이가 좋아할 만한 즐거운 활동을 마련하며,
- 아빠는 특히 아이와 몸으로 많이 놀아 주고,
- 아이의 전신 마사지를 해 주고,
- 자기 전에 베드타임 독서 시간을 가져라(동화책과 등시 읽어 주기).

※ 잊지 말 것 : 부모의 노력에도 불구하고 금방 개선되지 않는다고 해서 실망하지 마라. 그 아이는 여전히 소중한 내 아이다.

강연이 끝나자마자 한 남자 분이 제게 다가왔습니다. 강연 내내 진지하게 듣고 수첩에 적는 등 경청의 자세가 인상 깊었던 아빠였지요. 아내는 자리에 앉아 있었습니다.

"박사님, 저는 정말 애 키우는 데 열심히 도와주고 있거든요. 제 주변 사람들이 저를 보고 주부 9단이라고 할 정도예요. 그런데 애 엄마한테는 잘했다는 소리 한 번도 들은 적이 없어요. 진짜 속상합니다."

"아, 그러세요? 정말 속상하시겠어요."

"예, 그겁니다. 속상하고 이제 아무것도 하지 말까 생각할 때도 있는데, 또 한편 제 자식이잖습니까. 안 할 수도 없고, 할 수도 없고……."

'나름 최선을 다했다. 그런데 잘했다는 얘기는커녕 핀잔과 비난뿐이다.'라는 아빠들의 공통분모 같은 얘기입니다. 이 성실하고 아이 양육에 관심 많은 아빠의 하소연의 요점은, 애 기저귀 갈아 주고 나면 '애하고 얘기 좀 하면서 갈아라. 기저귀 갈 준비 좀 하고 갈아라. 한 번이라도 제대로 좀 해라.' 등 아내의 잔소리가 시작된답니다.

이때 청중석에 앉아 있던 아내가 우리 곁으로 다가옵니다.

"교수님, 그게 아니고요. 이 사람은 애 기저귀 갈면서 애 보고 가는 게 아니고요. 저를 보고 갈아요. 여보, 물수건 어디 있나? 그거 좀 가져와 봐. 여보, 애기 똥 색깔 예쁘네? 여보, 얘 오늘 잘 먹었나?"

그 아내의 얘기를 들어 보니, 남편의 말대로 '죽어라 애 기저귀 갈아 주고도 말 들을 만' 했습니다. 아이를 잘 키우고 싶은 진지한 아내와 남편의 모습을 보며, 이 아름다운 젊은 부부의 사랑스런 이야기를 들으며, 제 입가엔 미소가 지어졌습니다.

05

아빠여, 기저귀
갈 때도 수다 떨라

 **아기 똥에 감탄사 날리는 아빠**

기저귀를 갈아 줄 때도 노하우가 있습니다. 먼저, 아기와 대화합니다. 기저귀를 갈아 줄 때는 어떤 대화가 좋을까요?

"어이구, 우리 아기 응가하셨네."

"어~ 시원하겠구나, 우리 아기. 응가했네."

"우리 아기 똥 색깔도 예뻐라. 잘 먹고 소화했네. 어이구, 시원하겠다."

"시원하게 응가도 듬뿍했네. 어~ 시원하지?"

눈도 바라보며 고개도 끄덕이며 응가를 한 사실적인 결과를 갖고 이야기를 하는 것입니다. 중요한 것은 아이의 기저귀를 갈 때는 아이에게 집중하는 것입니다.

아내를 바라보며, "여보, 애기 똥 색깔 예쁘네?"라고 말하는 대신, 아기를 바라보며, "우리 애기 똥 색깔이 예쁘기도 하네." 하면 됩니다.

"여보, 애 오늘 잘 먹었어?" 대신에, "우리 애기 오늘 잘 먹었군요. 응가도 푸짐하게, 시원하게 했네." 하면 됩니다.

혹시 물휴지를 준비하지 못해서 아내에게 "여보, 물휴지 어디 있나? 그거 좀 가져와." 하는 대신에, "아빠가 물휴지 준비를 깜빡했네. 엄마한테 부탁해야겠다." 하며 아내에게 부탁하는 겁니다.

여기에 감탄사는 기본입니다. 감탄사는 감정을 풍부하게 표현해 주며 이것은 그대로 아이에게 전달됩니다.

'어이구', '어머나', '어머!', '와아~' 등의 감탄사를 호들갑스러울 정도로 표현하세요. 아이의 표정이 달라질 것입니다. 이런 것도 아이가 커 버리면 다시 쓸 기회가 없습니다. 아이가 어릴 때 아끼지 말고 마음껏 표현해 주세요.

아이가 작은 일에도 감동을 하며 호기심을 가질 때 그 풍요로운 감정에 아빠도 호응해 주세요. 아이를 양육하는 데 우아할 필요는 없습니다. 아이의 감정 수준에 맞는 쾌활한 분위기를 만드는 아빠가 좋습니다.

아기의 똥에도 저절로 감탄사를 연발하는 아빠였으면 좋겠습니다. 요 작은 몸속 어디에서 어떤 신비한 일이 일어나기에 때가 되면 규칙적으로 똥을 싸는지, 그런 사실조차 신기하고 감동스러워야 합니다.

 아이의 사회성 아빠가 키운다

사실 영아기 아기와의 대화는 부모의 일방적 대화입니다. 그러나 아기는 아직 말을 못할 뿐이지, 다 알아듣고 있다는 신념을 가진 부모라야 대화가 아기에게 전달되며, 아이의 언어발달에 도움을 줍니다. 이 시기 아이는 부모의 말을 통해 모국어의 발성에 귀가 열리고 모국어의 자모음을 알게 됩니다. 그리고 발음을 하는 것에 즐거움을 느끼고 적극적 발성을 시도하지요. 이것이 옹알이이며, 옹알이 시기에 우리 부모들이 했던 "어~, 그랬어.", "어~, 그래, 그래.", "어~, 기분 좋아요?" 등등 대꾸해 주는 추임새는 아이의 언어발달에 도움을 줍니다.

아기의 기저귀를 벗기면서부터 아빠의 말은 시작됩니다.

"어, 우리 아기 시원하겠다. 오줌 쌌어요?"

"아빠가 기저귀 갈아 주어야겠네."

이때 '아빠가' 라는 말을 자주 사용하세요.

기저귀 갈아 주려니 아기의 오동통한 맨살이 보이지요. 찬사를 늘어놓는 것도 잊지 마세요. "어이구, 우리 애기. 종아리도 예쁘고…… 쭉쭉이 하자. 쭉쭉 잘 크고 쭉쭉 건강하고 쭉쭉……."

여기서 쭉쭉이는 스트레칭입니다. 이 시기의 스트레칭은 기저귀에 싸여 있던 아이에게 몸을 맘껏 펴 보며 기분 좋은 맨살의 자유를 느끼게 합니다. 스트레칭을 해 주며 수다를 떨어야 함도 잊지 마세요. 이때 아기가 다시 오줌을 분수처럼 쏘며 아빠의 얼굴에 쉬야 하는 장면은 자

주 보던 것이지요.

"우리 애기, 쭉쭉이 쭉쭉이, 어~ 시원하다. 아~ 쑥쑥 건강하게 자라세요.", "우리 애기, 쭉쭉이……. 어이구, 이뻐라. 어이구, 사랑스러워라."

쭉쭉이와 동시에 아기에게 어울릴 만한 예쁘고 사랑스러운 표현을 맘껏 하시면서 기저귀를 갈아 주는 것입니다. 그리고 뽀송뽀송 새 기저귀가 얼마나 개운하고 기분이 좋을까를 얘기해 줍니다.

"아, 좋다. 개운하지? 이제 놀까요? 우리 애기, 아빠가 기저귀 갈아 주

 아이의 사회성 아빠가 키운다

었네. 이제 누워서 재미있게 놀자."

기저귀 하나 갈아 주면서도 얼마나 많은 이야기를 할 수 있는지 새삼 놀랍지 않은가요? 아기와의 대화는 이렇게 하는 것입니다. 일방적인 것 같지만 아기에게 제대로 해 주시는 겁니다. 아빠의 음성을 많이 들려주세요. 기회가 있을 때마다, 또는 기회를 만들어서 많이 들려주세요. 이 시기에는 아빠의 목소리를 많이 들려주는 것이 가장 훌륭한 대화입니다.

나는 말도 못하는 아기와 대화를 한 아빠다

유아와 초등 저학년 아이에게는 함께 놀아 주는 아빠가 최고입니다. 그러나 아빠들을 만나서 이야기를 나누거나 아버지 교실에서 교육을 하고 질문을 받을 때 '아이와 무엇을 하며 어떻게 놀아 주어야 하는지 막막하다.'는 이야기를 자주 듣습니다. 또 그곳에 참석한 대부분의 아빠들은 고개를 끄덕이며 이 이야기에 크게 동감합니다. 노는 게, 놀아 주는 게 어렵다니? 그러나 저도 금방 공감했습니다. 놀아 주는 행위 자체가 어렵다기보다 막막한 것입니다. 어떻게 놀아 줘야 하는지 그걸 모르니까요.

그리고 아기가 어렸을 때 육아에 거의 참여하지 않은 아빠일수록 이런 고민이 크다는 공통점을 찾기는 어렵지 않습니다. 아이와 노는 법

조한 이토록 간단한 것이지만 어떻게 해야 하는지 알지 못하고 학습하지 않으면 아빠 노릇은 어려울 수밖에 없습니다.

명실공히 부부 공동 양육시대입니다. 아빠에게 육아에 대한 부담을 주자는 것이 아닙니다. 아이를 키우는 기쁨을 느끼자는 것입니다. 아이를 키우는 기쁨을 왜 굳이 아내에게만 독점하라고 합니까? '우리 아이'인 것을요. 아기가 어렸을 때부터 아이와 함께하시기를 강력 추천합니다.

말도 안 통하는 아기와 '대화'까지 나눈 아빠라면 훗날 자녀와 못할 게 아무것도 없습니다. 무엇이 막막하겠어요. 어떤 대화인들 막히겠습니까.

기저귀를 갈아 주면서 열심히 아이에게 말 건넨 아빠! 당신은 아이와 뭐든지 할 수 있는 아빠입니다. 아기의 기저귀 갈아 주기! 기저귀 갈면서 수다 떨기! 아빠가 상상한 그 이상이 아빠의 사랑과 함께 내 아이에게 전달될 것입니다.

 아이의 사회성 아빠가 키운다

기저귀 가는 아빠의 위력

1. 기저귀 갈아 주면서 인증샷 한 장!

아이가 태어난 지 삼칠일째 또는 백일 때 아이의 발바닥을 찍어 조형물을 만들자. 그 발바닥은 아이가 크면서 성장에 따른 홍역을 치를 때, 엄마, 아빠와 마찰을 일으킬 때 이정표 같은 역할을 해 준다. 그 작은 발을 가졌던 아이가 이제 다 자랐다고 혼자 큰 것처럼 행동할 때 그 발바닥은 "네가 이만할 때가 있었어." 하고 아이에게 엄마 뱃속에서 나온 지 얼마 안 된 그 시절, 애착관계를 형성한 시절을 상기시켜 줄 것이다.

그리고 또 하나의 이정표는 수유 사진이다. 이 사진은 "봐라. 너는 부모의 생명이야." 라는 의미를 준다. 백 마디의 말보다 더 큰 힘을 갖는 교육 자료다.

아빠가 아기 기저귀를 갈아 주는 사진도 반드시 찍어 두자. 훗날 아이가 자라면서 이 사진 몇 장이 얼마나 큰 힘을 가지는지 알 수 있을 것이다.

"아빠가 너 기저귀 갈아 줬거든. 네 똥도, 네 오줌도 아빠에게는 마냥 소중한 것이었단다."

2. 기저귀 갈 때 들려준 아빠 수다의 위력!

미국 노스캐롤라이나 주립대 린 버논–피건스 박사 연구진의 연구 결과, "3세 미만의 아이는 엄마보다 아빠 말을 많이 들어야 문장 구성력 등 언어발달 능력이 빠르며, 특히 어휘면에서는 아빠가 어떤 말을 쓰느냐에 아이가 민감하게 반응하며, 아빠의 말에 더 집중하고 기억도 잘한다." 자녀에게 바른말 고운말을 가르치고 언어능력을 향상시키려면 3세 미만일 때 아빠가 아기와 보다 많은 시간을 보내야 한다.

미국 동부를 여행하던 길이었습니다. 방학 중이어서인지 많은 사람들이 여행을 왔고, 우리 그룹은 40여 명 정도가 되었습니다. 버스는 거의 만석이었지요. 뉴욕에서 나이아가라 폭포, 다시 워싱턴 등지로 여덟 시간 또는 그 이상을 버스로 이동하는 미국 여행은 버스 좌석이 여유가 있을수록 좋습니다. 옆자리에 외투나 가방을 놓고, 졸리면 편하게 잘 수도 있으니까요. 자리 여유가 있었으면 하고 내심 기대합니다만 제 옆자리에도 누군가 앉게 되겠지요.

그런데 참 다행입니다. 제 옆자리에 키가 훤칠하고 머릿결도 눈부신 이십대 예쁜 아가씨가 앉게 되었습니다. 성격이 좋고 붙임성 있게 말도 하니 저는 제법 기분이 좋았습니다. 자기소개도 알아서 씩씩하게 잘합니다. 한국에서 대학을 졸업하고 뉴욕에서 다음 학기부터 대학원에 다닌답니다. 이런저런 이야기가 잘 통할 것도 같습니다. 참 좋은 동행자, 최고의 여행 파트너였지요. 배어나오는 담배 냄새만 아니었더라면요. 하기야 담배도 기호품이기에 나쁘다, 좋다 할 수는 없습니다만 냄새에 민감한 저는 좀 거슬렸습니다.

그러나 그것을 제외하면 참 멋진 친구입니다. 옆자리에 앉은 저에 대한 배려, 말솜씨, 외모, 학력, 하물며 맑은 미소까지 참으로 많은 것을 갖춘 사람이었지요. 창밖 풍경에 도취되어 시상(詩想)을 떠올리는 데 푹 빠져 있는 저의 말문을 열게 해서는 끝내 제가 부모교육 강사라는 것까지 실토하게 만드는 재주까지 가진, 사회성도 좋은 사람입니다.

여행 마지막 날, 지인에게 주려고 챙겨 갔던 제가 쓴 책이 세 권 있었기에 사인을 해서 여학생에게 건넸습니다. 책을 받아들며 잘 읽고 좋은 부모 될 거라며 저를 안아 주는 그 여행 친구는 정말 좋은 부모가 될 것 같았습니다.

"저도 알거든요. 선생님이 얘기해 주신 거, 진짜 제 결심에 도움을 주셨어요. 감사합니다. 근데, 진짜 웃기는 얘긴데요. 제 남편 조건이 뭐냐면요. 한 번도 담배 안 피워 본 남자예요. 저, 정말 웃기지요? 이유가 있어요. 애기 낳을 거면 전 정말 건강하고 예쁜 아기 낳고 싶어요. 그리고 진짜 잘 키우고 싶어요."

포옹하면서 저는 이 친구가 단호하게 담배를 끊고 훗날 훌륭한 부모가 될 것이라는 확신이 들었습니다. 여행 중 얻은 귀한 인연이었습니다.

06

아무나 아빠가 되어서는 안 된다

당신 몸은 이미 당신의 몸만이 아니다

대학에는 여러 가지의 교양과목이 있습니다. 저는 몇 년 전부터 교양과목에 '부모교육' 강의를 개설해야 한다고 주장을 해 왔습니다. 이 얘기만 나오면 목소리가 저도 모르게 커지곤 하지요. 너무 절실하고 중요한 문제이기 때문입니다.

모든 남자들이 건강한 여성을 배우자로 맞이하기를 바랍니다. 몸도 건강하고 마음도 건강한 아름다운 여성이겠지요. 아이를 생각하면 그런 소망이 더 간절해집니다. 아이 없이 우리끼리만 잘살자고 부부가 언약을 했더라도 아름답고 건강한 배우자를 원하는 건 남녀 모두 인지상정입니다.

‘부모교육’이라고 하면 보통은 자녀가 있는 부모를 대상으로 하는 교육이라고 생각하며 이것은 명쾌한 정의이기도 합니다. 하지만 좀 더 넓은 의미에서 부모교육은 ‘부모가 될 가능성이 있는 모든 남녀를 대상으로 하는 교육’을 말합니다.

설령 평생 독신으로 살 거라고 호언장담하며 또 그렇게 살아갈 성인에게도 부모교육은 필수라고 생각합니다. 거시적으로 이 땅의 모든 아이들은 모두 내 아이이기 때문이지요. 그래서 부모와 부모가 아닌 자로 나누기에는 그 공동의 책임이 너무 크고 무겁습니다. 아이들은 어른의 영향과 어른이 만들어 내는 다양한 환경의 영향을 받으며 성장하기 때문입니다.

‘예비 부모교육’이라는 용어도 어느 면에서는 부정확합니다. 그 무게감이 절실하지 않기 때문이지요. 일정 시기가 되면 콘돔의 사용법과 피임의 필요성을 가르치는데, ‘예비 성교육’이라고 하지 않고 ‘성교육’이라고 합니다. 예비 부모교육도 정확히 표현하면 부모교육입니다.

모든 성인은 지금 바로 부모가 될 가능성을 가졌기에 이제 구체적으로 부모가 될 모든 젊은이들에게 건강한 몸과 마음을 가져야 하는 당위성을 이야기하려 합니다.

 아이의 사회성 아빠가 키운다

나를 사랑하는 것이 예비 아빠의 첫걸음

모두 알다시피 태내에 아이가 만들어질 때는 건강한 모체와 건강한 정자가 필요합니다. 우리는 지구 온난화, 환경호르몬 등 변해 가는 지구에서 발생되는 온갖 위해한 요소들은 거시적으로 걱정하면서 정작 우리가 할 수 있는, 자신의 몸을 돌보고 가꾸는 아주 소중한 일에는 너무 소홀한 것 같습니다. 자신의 몸을 건강하게 지키고 만드는 일은 한 인간으로서의 당면과제이면서 좋은 아빠가 되는 첫걸음입니다.

아이를 낳고 밤잠 설쳐 가면서 키우고, 경제적, 시간적, 정신적인 모든 것을 내 아이에게 쏟아붓습니다. '희생'이라는 단어 말고는 달리 표현할 수가 없을 정도로 아이에게 모든 것을 올인하지요.

그러나 그 이전에 해야 할, 더 큰 중요한 일이 있습니다. 이것은 돈이 드는 일도 아니며, 고통이 따르는 일이 아니고 내 인생을 소비하는 것도 아닌, 세상을 살맛나게 하고 나를 기쁘게 하는 일이기도 합니다. 그것은 바로 건강하게 사는 것입니다. 나 자신을 존중하며 사는 것입니다. 나를 사랑하거 사는 것입니다. 또한 정신적으로 건강하게 사는 것입니다.

아이에게 부끄럽지 않은 아빠가 되라는 말로는 부족할까요? 복 가운데 부모 잘 만나는 것도 복이지요? 누구나 부모 잘 만나고 싶어 합니다. 그런 우리가 누군가의 부모가 됩니다. 정신과 몸을 건강하게 가꾸며 사는 일, 나를 사랑하며 사는 일은 좋은 아빠가 될 수 있는 첫걸음입니다.

아빠는 사람을 만드는 창조자

'아이를 만들다!'

'창조'라고 표현해도 될까요? 신이 인간을 창조했다면, 지금 우리 아이를 창조하는 것은 바로 아빠입니다. 이 위대한 일을 내 손으로, 내 힘으로 할 수 있습니다. 건강한 정자를 생산할 수 있는 건강한 심신을 가진 청년이어야 합니다.

부모가 된다는 의미, 아빠가 된다는 것의 의미심장함에 숙연해집니다. 거듭 말해도 아빠는 하늘이 내린 사람입니다. 아빠는 아무나 되는 것이 아니며, 아무나 아빠가 되어서도 안 됩니다. 세상에 태어나 위대한 창조를 하는 일, 아빠가 되는 일이지요. 신체 건강한 아이, 마음이 건강한 아이를 창조하는 것이 여러분에게 달려 있습니다.

뜨겁고 열정적으로 살되, 그 결과도 예측하는 삶을 살다가 아빠가 되었으면 합니다. 건드리기만 해도 툭 터질 것 같은 열정이 넘치는 청년들입니다. 자유롭게 비상하며 살고 싶고, 뜨거운 피를 가진 젊은 시절입니다. 하고 싶은 일은 얼마나 많은가요. 절제가 너무도 어려운 시기라는 것도 잘 알고 있습니다. 그렇기에 그대들을 믿으면서도 인생을 먼저 살아온 선배로서 좀 더 친절하고 싶은 것입니다. '지금 알고 있는 걸 그때도 알았더라면……' 하고 아쉬워하지 않기를 바라는 마음도 조금은 있습니다. 하고 싶은 일을 선택하되, 책임지는 삶을 살면서 아름답게 젊은 시절 보내다 아빠가 되시기 바랍니다.

 아이의 사회성 아빠가 키운다

지금, 내 몸을 살펴보세요. 너무도 아름답고 소중한 우주의 중심입니다. 이 몸이 어찌 나 혼자만의 몸일 수 있나요. 이 아름답고 탄탄한 몸으로 이 세상의 중심이 될 또 하나의 신비를 세상에 내놓을 것을 생각하면 아찔하도록 황홀합니다.

아름다운 젊은이여! 당신 몸은 이미 당신의 몸만이 아닙니다. 이 엄청난 진리에 자부심을 느끼기 바랍니다. 그리고 멋진 아빠가 되길 바랍니다.

TIP

아빠가 되기 전 체크할 몇 가지

1. 임신 전 관리가 필요하다

- 아빠가 되기 최소 6개월 전에는 술과 담배를 절제한다.

2. 병원에서 몇 가지 검사를 한다

- 혈액 검사, 소변 검사, 매독 및 AIDS 검사
- 간염 및 간기능 검사

3. 과거의 병력을 체크한다

- 임균 검사, 허르페스 검사 등

4. 예방 접종을 한다

- MMR 백신, B형·A형 간염 백신 등

"선생님, 우리 아빠는 욕쟁이에요."

지완이가 수첩에 출석 확인을 하면서 무언가 잔뜩 화난 듯 말을 합니다.

지완 맨날맨날 욕해요.

선생님 무슨 욕을 하는데요?

지완 아빠는요~~, 맨날맨날 인마, 자아식. 그래요.

선생님 그래요? 왜 그러시지?

지완 그냥 맨날 그래요.

선생님의 "왜 그러시지?"라는 질문에 잠시 생각을 했는지 지완이의 표정이 많이 풀어졌습니다.

선생님 아빠가 지완이를 싫어하시나?

지완이가 이제는 평소 표정으로 돌아온 것을 보고 선생님은 살짝 지완이와 장난을 해 보고 싶었습니다.

지완 아니요. 아빠는 세상에서 제가 젤~루 좋대요. 진짜예요. 아빠가 그랬어요.

그러면서 주섬주섬 가방을 챙기던 지완이가 이제는 선생님을 바라보며,

지완 근데요, 선생님. 괜찮아요. 엄마가 그러는데요. 제가 귀여워서 그러는 거래요. 아빠가 이제 '얀마' 해도 저, 괜찮아요. 진짜예요.

너무도 진지하게 듣던 선생님이 오히려 민망해서 그만 크게 웃었습니다. 혼자 고민하고 혼자 결론 내린 지완이의 고민이었습니다.

07

"얀마!"가 욕이 안 되려면 정서적 유대 관계부터 형성하라

 **관계의 핵심, 정서적 유대**

"얀마, 도완득!"

영화 〈완득이〉의 명대사지요. 그걸 보고 선생이 학생한테 욕한다고 탓하는 사람은 없을 것 같습니다. 자연스럽다고 할까요. 오히려 "도완 득 학생!" 이렇게 불렀으면 그 선생님의 캐릭터는 실종되지 않았을까 할 정도로 "얀마, 도완득!"은 자연스런 호칭이었지요. 누구에게는 '얀마' 가 당연하고 애교스런 단어가 되고, 누구에게는 욕처럼 들릴 수도 있습 니다. 무엇일까요. 이처럼 큰 차이는. 바로 정서적 유대 관계와 관련이 있다는 생각이 듭니다.

다섯 살 지온이의 에피소드를 듣고 저도 지완이의 담임선생님만큼

디나 웃었습니다.

"아빠가 저를 어떻게 불러도 좋아요. 아빠는 나를 사랑하시니까요."

이 이야기는 아빠가 지완이를 보고 "인마, 자아식."이라고 한 것으로 브터 시작됩니다.

"아빠는요~~, 맨날맨날 인마, 자아식. 그래요."

지완이가 이렇게 말할 때만 해도 지완이에게 '인마'는 아빠가 한 욕이었습니다. 그리고 이것을 선생님께 이르는 것이었지요. 그런데 선생님과 이야기를 진행할수록 뭔가 스스로 이상했나 봅니다. 특히 선생님이 "아빠가 지완이를 싫어하시나?" 한 대목에 이르러서는 정신이 번쩍 날 것일까요? "아니요. 아빠는 세상에서 제가 젤~루 좋대요. 진짜예요. 아빠가 그랬어요."라고 응대를 하지요. 아이들에게 본능처럼 작용하는 엄마, 아빠에 대한 보호 의식. 내 엄마, 내 아빠라는 강렬한 사랑을 느끼는 겁니다.

아이들은 아무리 자신의 대변 뒤처리를 하며 사랑을 해 주는 선생님일지라도 '내 엄마, 내 아빠' 얘기를 시작할 때는 흉보는 것처럼 무심코 시작했다가도 끝낼 때는 놀랍게도 긍정적인 마무리를 합니다. 본능처럼요. 아이들에게 엄마와 아빠는 그런 존재입니다. 보호하고 싶은 존재, 자랑하고 싶은 존재이지요. 그렇다 하더라도 평소에 아빠가 자신을 사랑한다는 것을 지완이가 느끼지 않았다면 '인마, 자아식.' 하는 아빠가 자신을 미워하는 것을 표현한 욕이라고 느꼈을 겁니다. 아이들은 그렇습니다. 아직은 어리기 때문에 대화의 행간을 읽기에는 역부족이지

 아이의 사회성 아빠가 키운다

요. 아빠가 욕하면 욕으로 들리는 것이지, 귀여워서 그런 것이라는 생각까지는 못합니다.

 ## 아빠는 그냥 남자가 아니다

자아식.

얀마.

인마, 너!

이 자식이.

너, 이리와 봐!

남자아이를 둔 아빠들에게서 흔히 나오는 보통의 단어들입니다. 딸아이를 둔 아빠들은 여자아이 정서에 맞게 분위기를 파악해서인지 나름 더 자상하지요. 그런데요, 여기서 잠깐 짚고 넘어갈 것이 있습니다. 남자아이라고 해서 아빠가 자신을 아무렇게나 불러도 괜찮다고 생각하는 아이는 많지 않습니다. 때로 이것을 '욕'이라고 여기는 아이가 있음도 간과해서는 안 됩니다.

'우리 때는 맞고도 컸는데, 이까짓 걸 가지고 무슨 욕이라고.'

그런 생각은 위험합니다. 그건 아빠 때 이야기입니다. 혹시 아빠의 아버지가 "우리 어렸을 때는 먹을 게 없어서…… 요즘 애들 참! 옛날에는 참 고생 많았지. 요즘 애들은 고생을 몰라서…… 쯧쯧!" 하셨을 때 무를 꿇고 얼굴 조아리며 진지하게 들은 아빠 있나요.

'아 우리 아버지가 그런 시대적 배경을 극복하고 이렇게 우뚝 서서 나를 낳고 훌륭하게 키워 주셨구나. 감사합니다, 아버지. 저도 훌륭하게 잘 자라서 효도하겠습니다.' 했는지요. 사람 입장을 이해하는 데 '역지사지'만 한 것이 없으니까 아빠의 어린 시절 혹은 사춘기 시절을 떠올리며 아이를 키우면 시행착오가 줄 것 같습니다.

이 세상에 '완벽한 양육'은 없습니다. 그러나 양육을 위한 명답은 있습니다. '아이의 입장에서 생각하기'가 그 하나입니다. 아이가 어릴 때는 아빠의 어릴 때를 떠올리며 양육하세요. 아이가 중고등학교 시절이 근 아빠의 중고등학교 시절을 떠올리며 키우면 좀 덜 부딪힙니다. 아이가 자라 사랑에 눈뜰 때는 그 사랑을 오롯이 지켜볼 줄 아는 침착함도 필요합니다. 아빠의 사랑 이야기를 떠올리면서요.

초등학교 고학년만 되어도 말이 거칠어지는 남자들. 그런 남자들의 세계에서 이십여 년 넘게 단련되어 자란 아빠들이 자신도 모르게 툭툭 나오는 거친 말들을 어쩌겠습니까? 이를 수습할 수 있는 것이 아이와 많이 접촉하고 놀면서 정서적 유대 관계를 형성하는 것입니다. 어떤 식으로 말해도 우리 아빠는 나를 사랑한다고 느끼게 하면 되는 것이지요. 아이가 어렸을 때부터 이런 정서적 유대 관계가 형성된다면 자녀가 사춘기가 되어서도 아빠의 말꼬리를 잡고 늘어지지 않을 거예요. 남자들의 세계에서 상대에게 좀 세게 보이기 위해 또는 친구와 동료들끼리 예사로 사용되는 거친 표현들이라도 아이들 앞에서만큼은 정선해서 사용하길 바람니다. 아빠는 그냥 남자가 아니라 아이의 아빠니까요.

엄마가 있어 아빠가 산다

　부모 중 한쪽이 아이 앞에서 잘못을 했다 하더라도 그 잘못을 아이 앞에서 지적하는 일은 아이와 부모 누구에게도 도움이 안 됩니다. 하늘 같고 대단한 우리 엄마, 아빠가 서로를 비난하는 것은 아이의 인격 형성에 치명적 손상을 줍니다. 아이를 홀로 키우기란 쉽지 않습니다. 때로는 엄마의, 때로는 아빠의 역할이 각각 필요합니다. 서로가 서로를 무시하는 태도를 보이면서 필요할 때는, "당신이 어떻게 좀 해 봐. 쟤가 내 말은 안 들어." 한다면 부모에 대한 존경심이 이미 무너진 상태에서 '당신'의 얘기 또한 아이에게 전달될 수 없습니다.

　아이가 사춘기에 들어서면 퉁명스러워집니다. 자신의 세계가 들어서는 시기인 사춘기에는 부모의 모든 말이 잔소리 같고, 아빠의 말도 간섭으로 들리며, 외모도 취향도 독특해집니다. 이해할 수 없는 행동, 이해할 수 없는 옷차림, 정말 봐 줄 수 없는 머리 모양, 게다가 교복은 이미 교복이 아닙니다. 치마는 깡충 줄여 입고, 남학생의 바지는 또 어떻습니까. 바지를 다리에 대고 재봉질한 것 같이 딱 달라붙어 완전 쫄바지입니다. 찬바람이라도 불면 담요를 뒤집어 쓰고, 치마에 두르고, 게다가 세 줄 들어간 슬리퍼, 삼선이를 끌고 다니는 모습은 정말 봐 주기 그렇습니다. 말만 붙이면 돌아오는 대답은 단답식, 게다가 툭툭 쏘는 듯한 따갑고 퉁명스런 말투. 말 붙이기가 겁이 난다지요. 고2만 되면 무슨 '예비 고3'이라 해서 유세를 부리고 세상의 공부는 혼자 다 하는 듯이 온갖 신경질은 온몸에 달고 다녀서 가족 모두를 신경쇠약 걸리게 합니다.

아이가 고2쯤 되면 엄마도 갱년기를 겪을 나이인데 엄마는 힘이 부칩니다. 이때가 아빠의 역할이 커질 시기입니다. 특히 남자아이라면 더욱 더 중요합니다. 엄마에게 남자아이의 사춘기란 도저히 이해할 수 없는 것일 수 있으니까요.

이때 상황을 인식한 아빠가 역할을 다하기 위해 나선다고 하더라도 만약 엄마가 십 몇 년 동안 아이 앞에서 아빠를 무시하고 살았다면 아이가 아빠 말을 제대로 들을까요? 이미 아빠에 대한 존경심이 무너진 상태라면 "아빠가 뭔데?" 하며 오히려 대들지 않을까요.

아빠와 아이의 관계 형성에 엄마의 태도는 무척 중요하게 작용합니다. 그러니 아이 앞에서 아내는 남편을, 남편은 아내를 아주 많이 존중해 주어야 합니다. 서로의 존중은 부모의 의무이며 부모 역할을 훌륭히 할 수 있는 열쇠입니다. 부모 중 누구 하나라도 상대방을 폄하하고 비인격적으로 대하면 그 발단이 어찌 됐든 아이에게 비교육적이 되며, 아이는 흔들리는 자아를 가지게 되고, 어쩌면 자녀에게 부모 모두 무시당할 수도 있습니다.

다섯 살 지환이가 아빠가 자신에게 한 '인마'와 '자식아'를 욕이 아니라고 여겼던 것도 "엄마가 그러는데요. 제가 귀여워서 그러는 거래

 아이의 사회성 아빠가 키운다

요."라고 했던 현명한 엄마의 설명이 있었기 때문입니다. 부부는 이렇게 함께 상호보완하며 아이를 키워 나가는 것입니다. 아이로 하여금 아빠가 자신을 사랑하고 있다고 느끼게 하는 아빠가 되기를 바라며 오늘도 우리 아이와 맘껏 놀아 주세요.

"얀마, 이리 와 봐." 하며.

"우리 지완이 좋겠다. 아빠가 얼마나 귀여우면 '얀마'라고 할까." 하는 아내의 지원을 받으면서.

[엄마들에게 건네는 쪽지] 아이 앞에서 남편의 잘못을 들추지 말자

남편이 혹시 거친 표현을 쓰더라도 아이 앞에서 가르치려그 하지 않아야 한다.

"당신은 왜 애한테 그렇게 말해?"

"당신은 참, 말하는 게 그래. 인마가 뭐야. 애 이름 놔두고. 애가 싫다잖아."

"진짜 말버릇 이상하네. 그러니 애가 뭐 보고 배워요?"

아이 앞에서 이런 말은 절대 삼가야 한다. 엄마 입장에서는 사랑하는 아이의 편을 들어 아빠로 하여금 아이에게 좋은 말을 썼으면 하는 사랑의 표현이지만, 순간 아이는 불안해진다. '엄마, 아빠가 나 땜에 싸울지도 몰라. 어떻게 하지?' 심지어 아이는 엄마를 화나게 한 이유를 자신에게 돌리는 자책과 '이건 나 때문이야.'라는 죄책감까지 갖는다. 오히려 "아빠가 네가 귀여우신가 봐."라고 이야기하는 편이 낫다. 그렇다면 언제 남편을 가르칠 것인가? 남편의 손을 잡고 안방으로 데려간다. 그리고 조용히, 우아하게 할 말 다하라. 남편의 학습 능력을 믿어 보는 거다.

“엄마, 저 홈스쿨링하면 안 돼요?” 엄마는 깜짝 놀랐습니다.

“홈스쿨링? 갑자기 홈스쿨링은 왜?”

엄마는 아들의 말이 믿겨지지 않아 다시 물었습니다. 귀국한 지 이제 두 달여. 초등학교에 복학한 지 두 주 만에 4학년 학생회장에 선출된 의젓한 아들입니다. 1년의 공백을 잘 좁혀 적응도 잘하고 학생회장까지 된 것을 축하도 해 주며 이 부부는 기뻐했지요.

그런데 3월이 채 지나지 않은 어느 날 저녁, 아들 준서가 엄마에게 진지하게 제의한 홈스쿨링. 엄마는 가슴이 철렁했지만 침착하게 대응해야겠다고 마음먹으며 생각을 다듬었습니다.

“무슨 일이 있었는지 엄마한테 말해 줄래?”

“엄마한테 말씀드리면 알까요? 아무리 엄마라도 이해하지 못할 것 같은데요? 설명하려면 복잡해요.”

“물론 엄마가 다 이해할 수는 없지만 잘 들어 볼게.”

“아니요. 엄마가 못 알아들으실까 봐는 아니고요. 이 상황을 설명하기가 참 어려워요. 엄마, 애들이 달라졌어요. 2학년 때 만났던 친구들이 아니에요. 너무나 변했어요. 토끼 같던 애들이 호랑이 같아졌어요.”

“……”

준서는 말없이 다음 말을 기다리는 엄마를 잠시 바라보더니 제 방으로 갑니다. 준서가 가지고 온 것은 일기장. 다음은 그 일기장의 내용입니다.

아이들이 호랑이처럼 변했다. 서로에게 발톱을 세운 호랑이 같다. 토끼 같던 아이들이 서로를 공격한다. 욕이 아니면 말을 못하는 걸까.

혜민이가 내게 와서 이렇게 말했다. “너, 욕할 줄 알지?” 그래서 나는 “아니. 욕 안 해.” 하고 대답했다. “너, 욕은 알잖아. 근데 왜 안 해?” 나는 몇 마디 대꾸하다 더 이상 상대를 안 했다. 그런데 오늘 아침, 혜민이가 내게 와서 하는 말, “나, 꿈에서 너 봤다! 너, 꿈에서는 욕 잘하더라! 어떤 게 진짜 너야?”

08

나, 꿈에서 너 봤다!
너, 꿈에서는 욕 잘하더라!

 ## 우리의 초등생들

교환교수인 남편을 따라 시카고에 다녀온 친구를 1년여 만에 만났습니다. 초등생 아들도 함께 다녀온 터라, 덤으로 얻게 된 아들의 영어 실력과 그곳에서의 생활을 무용담처럼 들으며 십여 년 전, 시카고를 다녀온 내 경험도 떠올라 재미있는 시간을 보냈습니다.

저는 지난 1년여 동안의 부모교육 특강 이야기며, 한창 집필 중이던 원고 이야기 등을 했지요. 그 무렵은 또한 온통 학교 폭력에 관한 이야기가 화제였기에 "역시 우리 부모들이 아이들을 잘 키워야겠다."는 이야기로 진행이 되었습니다. 그러다 문득, 친구의 한숨소리로 대화가 진지해졌습니다.

“그런데, 요즘 고민이 많았다. 준서(아들 이름)가 4학년 회장이 됐는
데…….”

친구가 말을 멈춘 공백을 채워야 했습니다.

“어머, 이제 귀국해서 다닌 지 얼마나 됐다고 회장에 선출됐어? 대단
한 사회성이다. 역시 잘 키웠는데?”

친구의 태교 이야기부터 아들을 양육한 태도나 과정을 알았기에 진
짓으로 ‘잘 키웠다’라는 찬사를 한 것이지요. 요즘, 초등학교 고학년 회
장이 된다는 건 단순히 공부를 잘하는 것만으로는 어렵다는 것은 저
도 알았기 때문입니다. 이어 들리는 친구의 이야기.

“근데, 문제가 생겼어. 준서가 학교에 가기 싫다고 하네.”

요점은 이러했습니다. 아이가 며칠 침울해하는 모습을 보였는데, 어
느 날 아이가 엄마한테 홈스쿨링 하면 안 되겠느냐고 의논을 하더랍니
다. 엄마는 속으로 많이 놀랐지만 태연하게 대처를 하기로 했습니다. 아
이 눈에 엄마가 대수롭지 않게 별 소릴 다한다는 태도로 보였던지, 아
이가 자신이 쓴 일기장을 보여 주었다지요. 일기장에는 발톱을 세운 동
들이 그려져 있었습니다.

“엄마, 친구들이 이상해졌어요. 2학년 때 토끼 같던 친구들이 이젠
호랑이 같아졌어요. 서로 발톱을 세우고 서로 헐뜯고 공격해요.”

말끝마다 욕을 붙이는 아이들

2학년을 마치고 3학년을 미국에서 보내고 온 준서가 4학년이 되었습니다. 그러나 4학년 때 다시 만난 친구들은 예전의 토끼 같은 친구들이 아니었다고 합니다.

"어떤데? 왜? 어떤 면이 호랑이같이 느껴져?"

"욕을 해요. 친구들이 말할 때마다 욕을 해요."

친구도 이런 얘기쯤은 예사로 들었기에 '아들이 좀 예민하구나. 그리고 막내로 자라면서 귀염받고 사랑만 받아서 여리고 약해서 그러는구나.' 쯤으로 해석하려는데,

"근데, 엄마. 친구들이 저보고 왜 욕을 안 하느냐고 그래요. 저보고

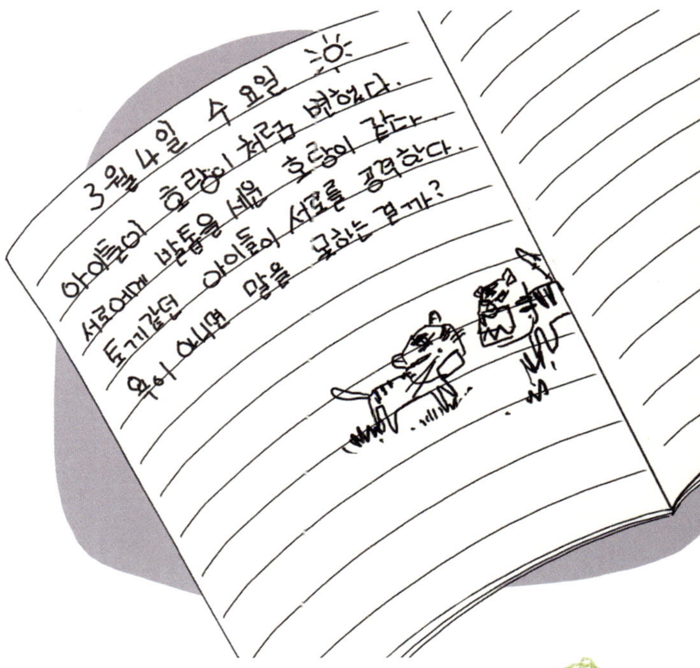

욕할 줄 모르냐고요. 그래서 욕을 왜 하느냐고 했더니, '너, 외계인이
냐?' 그러는 거예요."

"그래서 어떻게 했어?"

"난 욕하기 싫다고 했어요. 그랬더니 저보고 잘난 척한대요."

끓어오르는 화를 참고 친구는 아들과 이야기를 더 나누었답니다.

"친구들과 지내다 보면 의견 충돌도 있지만 그래도 네가 옳다고 생
각한 대로 행동해야 해. 언젠가 친구들도 너를 이해할 거고 친구들도
옳고 그른 것을 아니까 언젠가는 네 의견을 존중하고 따라 줄 거라는
게 엄마 생각이야."

그런데 문제는 이것으로 끝나지 않은 것이지요.

며칠 지난 어느 날, 준서가 가족회의를 제의했습니다. 그리고 회의에
서 전학을 시켜 주든지, 홈스쿨링을 하게 해 달라고 요청했습니다. 그
이유 앞에 가족 모두는 금방 현답을 내놓지 못했습니다. 이유는 이러
했습니다.

"쉬는 시간에 여자 친구 민경이가 제게 오더니 정말 작은 목소리로
이렇게 말하는 거예요. '야. 너, 진짜 욕 못해? 욕할 줄 알지?' 그래서 제
가 '응. 난 욕할 줄 몰라.' 하고 답해 주고 무시하려 했어요. 그런데 민
경이가 제 자리까지 쫓아와 이러는 거예요. '거짓말. 너, 욕할 줄 안다
던데? 너, 혜민이 꿈에서도 욕 되게 잘했다더라. 그런데 욕할 줄 모른다
는 거야? 거짓말이지? 욕할 줄 모른다는 게 말이 되니?' 하는 거예요. 제
가 이럴 때 뭐라 했으면 좋겠어요? 근데 저 욕할 줄 모르는 거 아니거든

 아이의 사회성 아빠가 키운다

요. 저도 욕 다 알거든요. 그럴 때 같이 욕해야 진실한 사람이 되는 거고 욕할 줄 모른다는 게 거짓말쟁이가 되는 거예요? 이런 학교에서 제가 어떻게 했으면 좋겠어요? 같이 욕하는 게 편하기는 한데요, 저는 욕하기 싫어요."

준서 엄마는 아들이 보여 준 며칠 전의 일기장이 생각났습니다. 혜민이가 준서를 자신의 꿈속에 등장시켜 욕 잘하는 애로 만들더니……. 분개하는 누나들과 믿지 못하겠다는 듯한 아빠, 눈물이 났지만 꾹 참고 있는 엄마의 의견이 서서히 좁혀졌습니다. 가족이 회의를 마칠 때 내린 결론은 '담임선생님께 말씀드리자.'였습니다.

 ## 뜻을 모르고 하는 욕, 과감하게 그 뜻을 알려줘야

며칠이 지났습니다. 준서의 얼굴이 밝아졌습니다.

"엄마, 우리 반이 달라졌어요. 이건 기적이에요. 애들이 욕을 안 해요."

준서 엄마는 알고 있었습니다. 선생님이 얼마나 이 문제로 고심했을지, 그리고 얼마나 공들여 지도했을지.

"엄마, 선생님이 몇 가지 욕의 뜻을 알려 주니까 애들이 '우' 하며 모두 놀라는 거예요. 어떤 애는 소리를 질러요. 욕이 어마어마하게 나쁜 거라는 걸 애들이 모두 알게 되었어요. 욕의 뜻을 알고 사용하느냐고 선생님이 질문을 하니까 애들이 기분 나쁠 때 하는 말인 줄로만 안 거래요."

준서 엄마는 선생님과 통화를 했습니다. 준서가 밝아진 이야기, 선생님께 감사한 마음도 전하며 그간의 이야기를 들었습니다. 준서의 말대로 젊고 아름다운 선생님은 과감히 욕의 원래 뜻을 알려 주었습니다. 말은 모두 뜻을 가지고 있다는 이야기, 의성어, 의태어조차도 그 안에 느낌을 담고 있다는 이야기, 그런데 우리가 사용하는 말에 온갖 나쁜 의미를 담은 말이 욕이라는 것, 그 안에는 사람을 흉보고, 깎아내리고 무시하고 아프라고 저주하는 의미들을 갖고 있기도 하다는 것, 욕을 하는 순간 그 욕은 자신의 귀에 들려 자신이 건강하지 못하게 된다는 것과 욕은 표현이 아니라 배설이라는 것도 이야기를 했다고 했습니다. 그리고 역지사지 역할극을 하기도 했다고 합니다.

욕은 말이 아니라 배설임을 알려 주세요. 욕하는 아이에게 직접적으로 간호하게 물어보십시오. 대소변은 어디로 나와야 하는가를. '만약 대소변이 입으로 나온다면!' 하고 상상해 보라고 하십시오.

영국의 소설가 찰스 리드(Charles Reade)는 생각과 말이 우리의 운명이 된다는 메시지를 주었습니다. 우리에게 '생각은 곧 말이 되고 말은 행동이 되며 행동은 습관으로 굳어지고 습관은 생각이 되어 결국 운명이 된다.'는 것이지요. 그 사람의 말은 그 사람입니다. 이 말의 의미를 정확히 알려 주는 것이 부모의 역할입니다.

언젠가 지하철에서 있었던 욕과 관련된 동영상을 보고 우리 학생들과 큰 충격을 받았습니다. 강의 주제가 '언어와 교육'에 관한 것이었으므로 학생들과 그에 관한 동영상 자료를 함께 보았던 것인데 끝도 없이 이어질 것 같은 욕의 릴레이. 그 욕엔 자동적으로 악에 받친 목소리가 들어 있었습니다. 듣기만 해도 온몸이 부끄러움으로 움츠러들어 중간에 동영상을 멈추고 말았습니다. 학생들과 그 소감을 나누었을 때 모두 의견을 함께했습니다. '욕은 폭력이다!' 그렇습니다. 욕은 폭력입니다. 욕 자체가 폭력이며, 더 큰 행동의 폭력으로 이어집니다. 학교 폭력을 살펴보면 그 안에 반드시 언어 폭력이 함께하듯 말이지요.

 인성교육은 가정에서 가장 잘할 수 있다

학교에만 맡기지 마세요. 우리 아이의 인성교육은 부모가 가장 잘할 수 있습니다. 인성교육은 특정한 날을 정해서 하는 것이 아닙니다. 매일매일 보고 듣고 느끼며 형성되는 것입니다.

어느 날, 아빠가 친구와 통화하다 무심도 던진 욕 비슷한 말이 있는지, 운전하다 불쾌해질 때 상대에게 던졌던 화살 같은 욕들이 있었다면 이제 그 모두를 깨닫길 바랍니다. 무심에서 깨달음으로 가야 합니다. 부모는 자녀의 멘토입니다. 멘토는 함부로 말하지 않으며 무심한 행동을 하지 않습니다.

혹시라도 아빠가 무심코 하는 말 가운데 욕이나 거친 말이 있는지 다시 점검하길 바랍니다. '말이 아이의 운명이 될 것임'을 한시라도 잊지 말고 말을 잘 사용하기 바랍니다.

아이의 인성교육이 지속적으로 이뤄질 수 있는 곳이 가정입니다. 외부의 프로그램이 있다면 그것은 일시적입니다. 지속적으로 아이가 뱃속에 있을 때부터 하루도 빠짐없이 교육할 수 있는 곳은 '가정'이며, 그곳에서 아이는 세계를 알아 가고 품성을 다듬고 인격을 형성해 갑니다.

학교에 도덕 교과서가 아직도 존재한다면, 국·영·수만큼이나 도덕이 소중하게 다루어진다면 그건 그야말로 기적입니다. 우리 학부모들이 그렇게 만들었지요. 도덕은 필요 없는 학문이며 과목이며 공들여 가르칠 필요가 없는 교과라고 그렇게 버리도록 종용했습니다.

지금, 우리 아이들을 살리느냐, 죽이느냐의 기로에 서 있습니다. 집단 폭력에 둘러싸여 공포로 소리조차 못 내는 우리의 아이들. 남의 일이라고 그동안 외면했다면 다시 돌아볼 일입니다. 내 아이의 일입니다. 네 명의 친구들에게 동댕이쳐져 척추가 부러진 내 아이, 매달려 몽둥이 맞는 내 아기, 둘러싸여 욕설 세례를 받는 내 아이, 당하고 견디다 못해 세상이 싫어 고개 숙이고 다니는 내 아이, 자신이 죽으면 장례식에 오지 말라며 유서를 쓴 내 아이…… 우리 자녀 모두 학교 폭력의 피해자일 수 있습니다. 동시에 우리 아이는 또한 가해자일 수 있다는 사실을 잊지 마십시오. 그러나 각 가정에서 아이들 제대로 키운다면 이 아이들이 왜 폭력을 행사하겠어요. 지금입니다. 아이가 어떤 말을 사용하고 있는지, 상대방의 약점과 단점을 보며 비난을 일삼으며 자라고 있지는 않은지 눈여겨보고 귀 기울여 주세요.

이전에 더 중요한 일이 있습니다. 아빠가 지금 세상을 어떻게 바라보는지 그 시각을 점검해 보기 바랍니다. 아이는 아빠가 가르치는 것에 귀 기울이기보다는 평소에 보이는 아빠의 모습을 통해 더 많이 배운다는 많은 학자들의 이론이 새삼 소중하게 느껴지는 요즘입니다.

우리 아이들을 잘 자라게 해야 하는 것은 우리의 의무이고 부모가 가장 잘할 수 있는 일입니다. 지금, 가정에서부터 시작해야 합니다.

TIP

[부모가 알려 주는 노하우]
"친구가 약 올릴 때, 친구가 욕할 때 이렇게 해 봐."

1. 무시한다

친구의 정서가 불안정한 상태이므로 함께 맞대응하면 다툼으로 번지기 쉽다. 그러므로 무시하는 것이 하나의 방법.

2. 태연하게 대꾸한다

"야, 너도 욕할 줄 알지? 잘난 척하지 말고 너도 욕해! 해 보라구!"

"응, 나, 욕하기 싫어. 나는 의미를 모르는 말은 하지 않아."

이때는 목소리에 힘을 실어 또박또박 말하라고 가르친다. 힘이 실린 목소리는 강력한 기운을 상대에게 전달하여 상대가 섣부르게 대항할 수 없게 한다.

3. 좀 더 융통성 있게 유머로 대응한다

초등학교 때는 이름이나 별명 또는 신체적 약점을 이용하여 놀리는 경우가 많다. 이럴 때 위의 방법으로 대응하거나 다음과 같이 해 보자.

"야, 뚱뗘지. 너 살 좀 빼야겠다."

"아~ co. 너, 나한테 관심이 아주 많구나."

이 말을 할 때는 아주 낮게, 그러나 다정하게 말하라고 하자.

Part

02

위험한 아빠들

엘리베이터를 타려고 기다리고 있었습니다. 1층으로 내려가는 엘리베이터는 열리는 것마다 만원입니다. 특히 요즘은 유모차를 끌고 아기와 부부가 쇼핑을 많이 하는 터라 유모차 두 세대만 있어도 공간이 꽉 찹니다. 마침내 엘리베이터를 탔습니다. 다음 층에서 꽉 차게 된 공간.

"5층 좀 눌러 주세요." 날카로운 여자의 목소리가 들립니다. 버튼 옆에 있던 누군가가 5층을 눌러 주었겠지요. 그러나 몇 사람은 날카로운 목소리의 주인공을 찾습니다. 왜 그런 목소리를 내야 할까? 저도 궁금했습니다.

드디어 5층입니다.

"내려요." 신경질적인 남자의 목소리.

"저기요. 애기 내리잖아요. 내렸다 타면 안 돼요?" 역시 신경질적인 여자의 목소리. 이미 몇 사람이 내려서 비켜 주고 있음에도 만족스럽지 않나 봅니다. 날카로운 목소리의 주인공 부부가 내립니다. 유모차도 함께 내립니다.

"오빠, 일요일에 오지 말쟀잖아. 왜 이렇게 사람이 많아, 짜증나게."

내리도록 비켜 준 사람에게도, 유모차와 자신들이 내리도록 엘리베이터 밖으로 내려 주었던 사람에게도 고맙다는 말도, 표정도 짓지 않는 부부. 게다가 5층 버튼을 눌러 주고 잘 내리도록 양보한 그 사람들을 자신들의 쇼핑을 짜증나게 만들어 버린 주범으로 만든 부부입니다. 그 부부의 투덜거리는 모습 아래로 유모차에 있는 아기가 보였습니다. 신경질적인 부부가 유모차를 신경질적으로 밀고 갑니다. 유모차에 실린 아기도 그 모습 그대로를 보고 느끼고 들었겠지요.

아빠의 언어습관이 아이의 '말'이 된다

 **부모의 말**

엘리베이터에 탔던 유모차의 아기도 엄마, 아빠의 신경질적인 목소리, 환경을 원망하는 언어, 사람을 막 대하는 태도를 다 보고 들었습니다. 아이에게 비쳐진 세상은 신경질적이고 어두웠으며 모순 가득했습니다. 이 아이의 부모가 단지 그날 그 상황에서만 그러했기를 바라지만, 그럴 리 없다는 생각이 드는 것을 어쩔 수 없습니다. 왜냐하면 언어는 자신도 모르게 나오는, 통제할 수 없는 가장 강력한 습관 중의 하나니까요.

앞의 부모님은 이렇게 해야 했습니다.

"죄송합니다. 저희가 5층에서 내리는데 5층 좀 눌러 주시겠어요?"

버튼을 누군가가 눌러 주면 감사의 표현을 하면 더 좋겠지요.

"감사합니다."

그리고 5층 문이 열리고 다른 사람들이 비켜 주어 잘 내리게 되었다면 이렇게 말해야 했습니다.

"실례합니다. 먼저 내리겠습니다. 유모차가 있어 불편을 드려 죄송합니다."

때로 유모차로 사람을 툭 칠 때도 있고 남의 신발도 밟을 때도 있으니 그렇게 다른 분들을 배려하는 말을 해야 하는 것이지요. 그리고 동승했던 다른 사람들에게 환한 표정으로 목례를 하며 가야 하는 것입니다. 유모차를 신경질적으로 덜컹거리며 끌고 갈 것이 아니라, "우리 아가도 '고맙습니다.'라고 할까? 고맙습니다! 자, 이제 즐겁게 쇼핑하자." 그러면서 가벼운 발걸음으로 아기의 유모차를 남실남실 운전하고 가야 하는 것입니다.

쉽지는 않습니다. 그러나 부모의 언어는 보통 사람의 언어와는 달라야 합니다. 아이 앞에서 부모는 참스승이며 리더이며 멘토니까요. 부단히 노력하고 잘 가꾸며 말하고 행동해야 합니다. 만약, 엄마가 부족했다면 아빠가 수습해 주세요. 아빠의 부족함을 엄마가 채워 주듯 엄마가 실수를 하면 아빠가 보완해 주셔야 합니다.

아내가 어떤 이유로든 신경질적인 목소리를 냈다면 남편이 수습해 주어야 합니다.

"당신 왜 그래?" 하고 아내를 다그치라는 얘기가 아닙니다. 아내를 면박 주는 것은 그 상황에서는 바람직하지 않습니다. 아내의 옳고 그름을 따지는 것이 논지의 핵심이 아니기 때문입니다.

아내가, "5층 좀 눌러 주세요."라고 날카로운 목소리를 냈다면 남편이 얼른 덧붙여 말하면 됩니다. "감사합니다."라고요.

5층에 멈춰서 내려야 할 때 "내려요."라고 신경질적인 목소리를 낼 것이 아니라, "죄송합니다. 내리겠습니다."라고 부드러운 목소리를 내면 되는 것입니다. 그리고 내려서는 먼저 편하게 내리도록 배려한 분들을 향해 "감사합니다."라고 인사하며 가볍게 목례하는 것이지요.

어떤 이유로 아기 엄마가 날카롭게 목소리를 냈는지 모르지만, 이럴 때 아기 아빠가 얼마든지 아빠답게 할 수 있어야 합니다. 이것이 아빠답고 어른다운 태도입니다. 부부는 일심동체이지만 바람직하지 않은 부분에서 일심이 되고 동체가 되어서는 안 됩니다. 서로를 채워 주어야 하지요. 특히 부부에서 부모가 되었을 때는 서로의 부족한 부분을 대신해 주어야 소중한 우리 아이를 균형 잡힌 아이로 양육할 수 있습니다.

그러나 유의할 점 하나, 서로의 부족한 점을 채워 줄 때 상대를 절대 비난하지 않아야 한다는 것과 자연스럽게 상호 보완해 주어야 한다는 것을 잊지 마세요.

아빠의 말에 영향받는 아이들

아이들이 얼마나 언어에 민감한지 아이를 키우다 보면 알 수 있지요. 욕도 잘 배웁니다. "너 죽을래?" 하는 말을 툭 던져서 깜짝 놀라게도 하고, "엄마, 잘 먹었습니다!", "아빠, 안녕히 다녀오셨어요?"라는 인사를 해서 기쁘게도 합니다. 아이들은 배우지 않은 말도 잘 만들어 내는 언어의 창조자이며, 언어의 마술사입니다. 때로 뜻은 모르지만 비슷한 소리를 가진 말도 제법 잘 만들어 내는 게 유아들입니다.

그래서 아빠의 언어가 중요한 것입니다. 말에 대해 호기심을 가진 아이들에게 아빠가 사용하는 언어는 귀에 쏙쏙 들어옵니다. 유아시기를

 아이의 사회성 아빠가 키운다

민감기 또는 흡수기라고 하지요. 모든 것을 받아들이는 데 있어 아주 빠르다는 뜻입니다. 유아시기가 교육의 적기라는 것도 이런 맥락과 같이하는 것이지요. 그런데 이 시기에는 특히 여러 발달 가운데서도 언어발달이 가장 주목할 만하며 언어를 배워 나가는 속도와 양은 가히 폭발적입니다. 첫돌을 지날 무렵부터 아이들은 한 단어로 문장을 창출합니다. 예를 들어 '우유'라는 한 단어로 "엄마, 우유 주세요.", "엄마, 나 우유 먹었지요?", "저거 우유지요?" 하며 자신의 의사를 모두 표현합니다. 이후로 아이들은 도저히 배운다는 이론으로는 설명할 수 없을 정도로 적극적으로 언어를 창조해 내지요. 이때 부모의 언어, 주변 어른의 언어, TV에서 들려오는 언어, 기타 아이가 접하는 모든 환경으로부터의 언어들이 총망라되어 아이의 언어지식 세계로 편입됩니다. 그런데 이 과정에서 말하는 언어는 '어휘'에 국한되는 것이 아닙니다.

앨버트 메러비언의 주장을 빌면, 우리의 언어에는 말(논리)이 7%밖에 안 됩니다. 나머지는 비언어적 요소, 즉 표정, 태도, 말투 등이 포함되어 오히려 내용보다 비언어적 요소가 더 큰 비중을 차지합니다. 아이들은 말과 함께 언어의 큰 비중을 차지하는 비언어적 요소까지 배워 나가는 것입니다. 아빠의 언어와 태도가 중요한 이유입니다.

일곱 살 승민이와 민서가 서로 "여보!", "자기"라고 부르며 소꿉놀이를 하고 있습니다. 이 모습을 지켜보던 진규가 "웃기시네. 여보는 무슨." 합니다.

승민이와 민서가 민망한 듯 놀이를 멈추더니, "선생님, 진규가 우리 보고 '웃기시네.' 했어요." 합니다. 때로는 유아들의 말을 모르는 체 넘어가야 할 경우도 있어서 그냥 지나치려 했던 선생님은 상황을 해결해야 할 필요를 느낍니다.

"진규야, '웃기시네' 가 무슨 뜻이야?" 선생님의 질문에 진규가 덤덤하게 대답합니다. "몰라요." 선생님이 다시 상냥하게 묻습니다. "그런데 진규가 잘 모르는 말을 사용해서 친구들이 놀이도 못하고 기분이 나빠진 것 같은데요. 어떻게 하면 좋을까?"

선생님은 진규의 대답을 기다렸습니다. "다음부턴 안 그럴게요.", "친구들아, 미안해."라는 말을 기대했지요. 그런데 진규는 잔뜩 억울한 표정을 지으며 뜻밖의 대답을 합니다.

"그치만 우리 아빠도 그 말 하는데……."

아빠의 위대한 유산, 말

유아기 아이들 중에서도 말을 할 때 짜증 섞인 말투로 얘기하고 얼굴을 찌푸리며 얘기하는 습관을 가진 아이들이 있습니다. 반면에 말할 때 생글생글 웃으며 사랑스런 표정과 말투로 이야기하는 아이가 있습니다. 세상에 태어난 지 40개월 좀 지난 이 아이들이 표정과 말투로 자신들의 마음을 표현합니다. 더욱 놀라운 건 전자의 아이들은 대체로 이르기를 잘하며 남 탓을 잘하고, 다툼에 능숙합니다. 후자의 아이들은 칭찬의 언어를 잘 사용하고 좋은 점을 찾아내며, "예뻐요.", "좋아요." 등의 언어를 사용하며 대체로 친구 관계가 원만합니다. 표정과 말 내용이 일치하는 것이지요. 당연합니다. 누군가를 이르거나 비난하면서 미소 짓는 모습을 상상해 보세요. 그건 호러물에서나 가능합니다. 좋은 느낌을 얘기하면서 얼굴을 찌푸리는 것 또한 불가능하지요. 말이 뇌를 지배한다는 말은 그런 의미에서 타당성이 높습니다.

"왜 그렇게 쩽쩽거려?"

"말버릇이 그게 뭐야?"

"다시 말해 봐. 울면서 하지 말고. 울면서 하면 안 들려."

우리 아이가 어떤 언어를 사용하기 바라는지도. 어떤 표정을 짓기를 원하는지요. 아이의 말에 일일이 주의를 주기 전에 아빠의 말을 먼저 점검해 보시면 도움이 될 것 같습니다.

저는 강의에 앞서 거울을 보며 '아, 에, 이, 오, 우'를 길게 복식호흡하며 소리를 냅니다. 이때 발성을 한다는 의미도 있지만, 제 표정을 낱낱이 점검하는 중요한 시간이기도 합니다. 교사교육을 할 때도 교사들에게 반드시 아침에 아이들을 맞이하기 전에 목소리를 가다듬고 거울을 보며 표정을 점검하라 합니다.

아빠는 자녀를 대할 때 무엇을 점검하는지요. 아이와 대화를 할 때 '대화의 기술'보다 중요한 것이 아빠의 표정과 어휘 선정입니다. 아빠들은 남자라는 이유만으로 강하기를 바라는 양육 과정과 때로 거친 성장 과정을 거쳤습니다. 이 과정에는 거친 말과 강도 센 어휘들이 혼재되어 있으며 이런 것들을 자연스럽게 여기며 성장했고 아빠가 되었습니다. 그래서 아빠는 말에 좀 더 신중해야 하며, 더욱 어휘 선택에 유념해야 합니다. 남자들의 세계에서 자연스럽게 받아들여지던 언어 습관대로 아이를 대한다면 아이는 무심결에 거친 말, 이상한 말, 그리고 아빠의 묘한 말투를 그대로 따라하며 배웁니다. 아이들은 열심히 모방하면서 배우고 있는 중이니까요.

아빠가 원하는 우리 아이의 표정과 말이 있다면 지금 바로 아빠가 실천하세요. 아빠의 말, 말투, 표정이 그대로 우리 아이입니다.

모름지기 부모는 나오는 대로 되는 대로 행동하면 안 됩니다. 그건 자연스러움과는 다른 것입니다. 잘 다듬어진 아빠의 모습을 보여 주세요. 우리 아이 잘 키우고 싶으니까요. 잘 자란 아이를 보면 그 아이에게는 멋진 아빠가 있습니다.

'문제아는 없다. 문제부모가 있을 뿐이다.'라는 말이 있습니다.

아이의 모든 것은 부모 안에 있는 것입니다. 부모가 된 순간, 새로운 극이 올려진 것입니다. 그 무대를 사랑스런 '당신의 아이'가 관객으로서, 비평가로서 아빠를 지켜보고 있습니다.

바른말, 고운말을 쓰는 아빠의 모습을 보여 주는 것이 자녀 양육에서의 중심 화두입니다. 우리 아이의 멋진 미래를 소망하는 아빠, 그 소망을 실현할 수 있는 기반을 선물로 마련해 주는 것은 어떨까요.

우리 아이의 미래를 위해 가장 필요한 것을 알려 드릴까 합니다. 이

  아이의 사회성 아빠가 키운다

것은 아이에게 확실한 유산이며, 이 유산으로 인한 부작용 또한 전혀 없습니다. 그리고 어떤 아빠라도 지금 당장 실현 가능한 것이니 더 매력적입니다. 그것은 바로 아빠의 멋진 언어 습관입니다. 아빠의 멋진 언어 습관은 내 자녀에게 평생의 자산이 되는 훌륭한 유산입니다. 아이의 말은 곧 아빠의 말입니다.

아빠의 언어 점검하기

1. 독특한 언어 습관이 있나 점검해 보자

- 어, 아, 그러니까, 글쎄 등 불필요한 발어사가 있는지 점검하기
- 혹시 말끝마다 붙이는 독특한 말, 불필요한 말이 있는지 점검하기

2. 거친 언어습관을 가지고 있는지 점검하자

- 남자들이 아두렇지도 않게 사용하는 말 가운데 욕이 상당수 포함되어 있음에도 이것을 아이 앞에서도 사용하고 있는지 확인하여 수정하기
- 거친 말을 '자연스런 말'이라고 생각하고 있는지 냉정히 점검하기

3. 거울을 보며 말하는 표정을 확인하자

- 말에는 어휘, 말하는 사람의 태도, 어투 등이 포함되어 있다. 거울을 보며 스스로를 점검하지

4. 아이에게 경어를 남발하지 말자

- 경어보다 더 중요한 것이 어휘의 품질이다.

5. 친구와 통화할 때도 자녀를 의식하자

- 평소에 자녀를 의식하며 언어 사용을 했던 아빠라 할지라도 친구와 통화할 때는 무의식적으로 비어, 속어, 은어를 사용하는 경우가 많으니 조심하라.

토요일, 점심식사를 하기 위해 식당에 갔습니다. 음식을 기다리는 동안 아빠와 딸이 다정히 식당 안으로 들어오는 모습이 보입니다. 딸아이는 아빠의 밝은 표정에 비해 어둡고 불만이 가득합니다. 사춘기라서일까요?

"난 초밥 먹을래."

"그럼, 일식집으로 가자. 아까 얘기하지."

"아, 여기도 초밥 있잖아. 그러니까 여기서 먹어. 이거 시켜 줘. 귀찮아."

완전 반말에 아빠를 친구 대하듯 합니다. 말투도 퉁퉁거립니다.

"알았어. 그럼, 아빤 이거 먹어야겠다."

아빠는 여전히 딸아이를 존중하며 딸과 아빠의 몫으로 음식을 주문했고 곧 음식이 나왔습니다.

"아, 짜증나. 이거 아냐. 내가 말한 건!"

"니가 초밥 먹는다며? 초밥이잖아."

"글쎄, 이거 아니래두."

딸은 얼굴을 잔뜩 찌푸리고, 이제 젓가락에 짜증을 묻혀 음식을 꾹꾹 누릅니다.

"그냥 먹어. 네가 골랐잖아."

"아, 이걸 어떻게 먹어? 맛도 없게 생기고 내가 싫어하는 생선만 나오고 이게 무슨 초밥이야."

이제 음식을 밀쳐 내기까지 합니다.

'유치원생도 하지 않는 행동을…….'이라고 생각하며 저는 안타까웠습니다. 아빠가 참 무던합니다.

"그럼, 어떻게 할래? 나갈까? 일식집 갈까?"

아빠는 음식이 나왔음에도 아예 식사 엄두도 못 내고 있습니다.

"가자. 그러니까 아까 잘 생각하라고 아빠가 했잖아. 가자. 아빠가 맛있는 초밥 사 줄게."

"싫어. 귀찮아아아아."

딸에게 쩔쩔매는 아빠, 아빠에게 고압적인 딸! 그래도 아빠는 여전히 딸을 존중하는 모습이었습니다.

권위적인 아빠 No,
권위 있는 아빠 Yes.

아빠의 권위는 여전히 유효하다

저는 이 이야기가 있던 토요일, 문득 '아빠의 권위'에 대해 생각했습니다. 민주와 수평의식, 친절과 배려, 이타주의와 봉사……. 이런 아름다운 말들로 참 평화로운 세상에 살면서 '권위'라는 말을 쓰고 보니 새삼 충성 또는 효도라는 말만큼이나 시대적 거리감이 느껴집니다.

'권위'가 무얼까? 그러고 보니 권위란 말이 이 시대에 썩 어울리는 말이 아니란 생각이 들기도 합니다. 그런데 혹시 우리가 권위와 권위주의를 헷갈려 했던 건 아닐까요? 민주라는 말에 권위라는 말이 부적합하다고 오해한 나머지 그 말을 변질시킨 건 아닐까요?

이제 아버지의 권위를 말하려 합니다. 더 완곡하게 표현할 다른 어휘도 있습니다만, 권위라는 말을 애써 선택한 것은 아빠의 위치와 역할에 대해 가장 적합한 용어라는 생각이 들기 때문입니다. 또한 저는 부모의 권위가 있어야 한다고 주장하는 사람이기도 합니다.

아이는 상전이 아닙니다. 사랑하는 자녀입니다. 사랑한다는 이유만으로 부모가 그 아래에 서야 하는 건 아닙니다. 아이가 부모의 위에 위치할 수는 없습니다. 자녀들은 이렇게 말하지요.

"우리가 부모의 전유물인가요?"

"왜 저를 부모님 맘대로 하려고 하시는데요?"

"내가 대리만족시키는 사람이야? 왜 아빠 맘대로 하려 하는데?"

아이들은 다 자라기도 전에 독립만세를 외치는데 왜 부모만 아이에게 끌려다니며 독립하지 못하는지 모르겠습니다. 그러다 보니 자녀에게 종속되어 끌려다니는 것입니다.

동등한 인격체는 상대의 숭고한 사랑을 역이용하지 않습니다. 오히려 감사하고 그 사랑을 바르게 받아들이지요. 그러나 아직은 미성숙한 자녀일수록 부모가 자신을 무조건 사랑한다는 약점을 이용합니다. 그래요. 아직 어려서 그렇습니다. 그렇기 때문에 부모가 잘 가르치면서 키워야 합니다.

아이가 아빠 위에 군림하려는 태도를 보일 때 아빠는 엄격하게 타일러야 합니다. 때가 되면 경어도 사용하게 하는 것이 좋습니다. 아이가 어릴 때 아빠는 아이에게 경어를 사용합니다.

"우리 수아, 밥 먹을까요?", "옳지, 잘했어요." 등등 최대한의 공경어를 아이에게 사용하기도 합니다. 아이가 어른보다 위이기 때문에 경어를 사용한 것은 아닙니다. 사랑하니까 아이가 바른말 고운 말을 배워 잘 사용하라는 의미도 아빠가 모범을 보인 것이지요. 이렇게 아빠가 롤 모델이 되어 가르쳤으면 아이에게 사용할 기회를 주어야 합니다.

자녀의 경어 사용에 대한 시기는 각 가정에서 정하면 되지만, 저는 아이가 초등학교 고학년이 되기 전에 경어를 습관화하라고 권유합니다.

말은 마음(心)을 담는 그릇이며 형식입니다. 형식은 내용을 결정하지요. 아이가 아빠에게 경어를 사용하는 형식을 갖춘다면 말의 내용이 좀 더 신중해질 것이고, 아울러 함부로 하는 말투도 줄어들 것입니다. 아이 이름을 불렀을 때도 바로 아빠에게 달려오도록 가르쳤으면 합니다.

"수아야!"라고 불렀을 때,

"왜애애애!"라며 귀찮다는 듯 대답하는 자녀가 아니라, 아빠가 부르면 먼 곳에서라도,

"네, 아빠 부르셨어요?" 대답하며 달려오도록 가르치세요. 왜냐하면 아빠니까요. 이유불문입니다. 아빠니까 그렇게 해야 하는 것입니다. 그

좋게 가르쳐야 합니다.

아빠는 어른이고, 어른이어야 한다는 엄숙한 사명을 띠고 노력하고 있으며, 아빠의 역할에 최선을 다하고 있으니까요. 아빠가 되고 나서 언제 한 번 아이로부터 자유로웠던 적이 있었나요? 모든 것이 아이 위주였고 모든 것을 아이와 나누고 있으며, 심지어 아이 때문에 아빠는 자신을 엄숙하게 희생하고 살고 있습니다. 이런 아빠이기에 그런 대접, 받을 자격 있습니다. 대접받으려고 키우는 거 아니라는 말도 아이 앞에서 하지 마세요. 대접받으려는 생각은 없었어도 무시받으려고 키우는 건 절대 아닙니다.

친구 같은 아빠는 괜찮지만, 아빠가 친구는 아닙니다. 그것도 함부로 대해도 되는 친구는 더더욱 아닙니다. 아빠답기 위해서 세상살이 힘들어도 아이 앞에서는 세상 탓하는 모습 안 보이고 의젓하게 살고 있는 아빠입니다. 아빠답기 위해서 행동의 일관성에 대해 점검하고 아빠다우려고 말조심하며 아빠다우려고 지치고 힘들어도 표시도 제대로 내지 못하는 아빠입니다. 그런 아빠이기에 대접받아야 합니다.

뺨까지 내주는 아빠, 그거 사랑입니까?

언젠가 식당에서 서너 살 된 아이에게 뺨을 내주는 아빠를 보고 가슴이 철렁했던 적이 있습니다. 아마 아이가 식당에서 계속 왔다 갔다

 아이의 사회성 아빠가 키운다

하며 뛰다가 넘어져서 아빠가 꾸중을 했나 봅니다. 그러나 아이가 또 뛰다가 넘어져서 이번엔 무릎에 상처가 난 겁니다. 아이는 울고, 이를 본 아빠가 화가 나서 아이의 엉덩이를 한 대 때렸습니다. 서러웠던 아이가 더 크게 울자 옆에 있던 엄마가 아빠한테 화를 내고, 아이는 더 크게 울었지요.

　이때 아빠가 한 응급조치는 "아빠가 미안. 미안해. 네가 다쳐서 속상해서 그랬어."라는 사과의 말을 하며 아이를 안아 주는 것이었습니다.

하지만 아이는 더 크게 울기 시작합니다. "알았어. 아빠 때려. 아빠 때리고 화 풀어." 이게 바로 아빠가 아이에게 뺨까지 내주게 된 사연이었지요.

이건 아닙니다. 절대로 있어서는 안 될 일입니다. 아이의 잘못이 명백하다면 아빠는 더 엄격하게 꾸중해야 합니다. 넘어진 아이는 자신이 하지 말아야 할 행동을 하다 넘어져서 다쳤으므로 누굴 향해 떼 부리도록 키우면 안 됩니다. 다친 아이를 당장에 나무라서도 안 되겠지만, 그것을 위로하느라 아빠가 애를 쓸 일이 아닙니다. 그런데 아빠의 뺨까지 내주며 야단친 것을 사과하느라 바쁩니다.

이건 막 키우는 일입니다. 사랑하는 것도 아니고 아이 기를 살리는 일도 아닙니다. 그저 되는 대로 키우는 것이며, 함부로 자라게 하는 것입니다. 공중도덕이 무엇인지 모르고, 타인에 대한 존중도 모르며, 자신의 행동에 책임을 지는 게 무엇인지도 경험하지 못한 채 자라고 있는 것입니다.

자녀를 사랑한다면 아이가 제대로 자라게 도와주어야 합니다. 아빠는 도움의 주체입니다. 그렇게 중요한 역할을 하는 아빠를 아이가 존중할 때 아빠의 모든 것이 아이에게 전달됩니다. 자녀가 아빠를 가볍게 여기고 함부로 여기면 아빠의 말씀이 제대로 전달될까요? 어른 부재의 시대, 유일하게 자녀를 나무랄 수 있는 자격이 있는 어른이 부모인데, 그 아빠가 사리분별 없이 양육하고 있다면 그 버릇없는 아이들이 모인 그들의 세상이 어떨지 상상해 보세요.

 아이의 사회성 아빠가 키운다

우리 아이들, 천지 구분하고 사리분별할 수 있게 키워야 합니다. 남의 아픔을 공감할 수 있는 능력도 키워 주고, 남의 기쁨도 함께 기뻐해 주는 아름다운 심성도 갖게 도와주어야 합니다.

아이의 유능한 사회생활을 가장 잘 도와줄 수 있는 분이 아빠라는 사실이 아동발달에 관한 많은 연구 결과에서 나왔습니다. 우리 아이들의 바람직한 사회생활을 아빠가 도와주셔야 합니다.

아이에게 뺨 내주는 아빠가 키운 아이가 다른 아이들과 어울릴 경우를 가정해 보십시오. 혹은 그렇게 자란 아이들끼리 모인 우리 아이들의 세계를 상상해 보십시오.

친구 같은 아빠지, 아빠가 친구는 아니다

자녀는 상전이 아닙니다. 자녀에 대한 사랑의 표현에도 절제와 엄격함이 배제되어서는 안 됩니다. 물론 사랑은 주는 것입니다. 그러나 제대로 주지 못 하거나 과잉공급이 되어 자녀를 망칩니다. 자녀로 하여금 부모에게 바람직한 언어를 사용하게 하세요. 그리고 아빠를 바라보는 아이의 눈빛과 표정이 부드럽고 따뜻해야 합니다. 이런 태도가 아빠를 공경하는 태도로 진행됩니다.

아빠의 권위가 바로 설 때 아이들이 잘 자랄 수 있습니다. 그것을 가르치는 분이 아빠입니다. 자녀를 잘 키우는 것이 무조건 사랑하고 그들

응석을 모두 받아 주는 것이라고 생각할까 하는 기우에 아빠의 권위를 바로 세우라고 한마디 덧붙입니다.

권위적인 아빠가 되라는 것이 아닙니다. 아빠로서의 권위를 가지라는 것이지요. 우리 자녀 또한 흔들리는 아빠가 아닌, 자녀가 흔들릴 때 산같이 든든하게 바라봐 주는 존경하는 아빠를 원하며, 버팀목이 되어 줄 수 있는 권위를 가진 멋진 아빠를 원하고 있습니다. 친구 같은 아빠는 좋지만 아빠가 아이의 친구는 아닙니다. 친구를 자처하며 권위를 버리지 않았으면 합니다. 아빠의 권위는 자녀교육에 좌표가 되는 것입니다. 그 멋진 권위를 잃지 않기 바랍니다. 권위와 권위주의는 분명 다른 것이므로 아빠의 권위, 부디 회복하기 바랍니다.

아빠의 권위를 위하여

1. 아내는 아빠의 권위에 힘을 실어 주자. 권위는 아빠 혼자 세운다고 세워지는 것이 아니다. 특히, 아이들이 있을 때 아내는 남편을 존중하는 태도를 보여야 한다. 가정에서 엄마의 위치가 커지는 요즈음, 엄마가 아빠를 존경하고 존중하는 모습에서 아빠의 권위가 설 수 있다.

2. 아빠는 허술한 모습을 보이지 말자. 절제하는 아빠, 바른 태도를 보이는 멋진 인격자가 되자. 아빠의 말에 무게가 실리고, 아빠의 발걸음 소리에도 존경이 서려야 한다.

3. 아빠는 집안의 구성원을 존중한다. 부모님을 모시고 있다면 공경하고 효도하는 모습을 보인다. 아내를 존중하며, 자녀를 대할 때 절제와 균형의 사랑을 표현한다.

 아이의 사회성 아빠가 키운다

딸바보 아빠는 이제 그만!

1. 지나친 경어 사용을 하지 않아도 된다. 아빠의 자연스런 말투와 부드러운 음성만으로도 딸에 대한 존중과 사랑이 충분히 전달된다.

2. 아이의 감정까지 해결해 주려고 노력하지 말라. 감정은 아이의 것이지, 아빠가 대신해 줄 수 없다. 만약 아이가 부정적인 감정을 표현할 때는 그 감정을 인정해 주되 불필요한 위로를 할 필요는 없다. "그랬구나." 정도로 표현하고 공감해 주면 된다. 만약 아이가 단체 생활에서 친구 관계나 기타의 일로 힘들어 할 때도 아빠는 그 마음을 이해하고 공감하는 것까지만 하는 것이다. 문제를 대신 해결해 주려고 나서는 태도는 금물이다. 아이의 인생을 대신 살아 주려는 듯한 태도는 진정한 사랑이 아니다.

3. 아이가 떼 부리거나 부당한 것을 고집할 경우 절대 허용하면 안 된다. 이를 허용하는 것은 아이를 사랑하는 것이 아니라 아이를 그릇되게 양육하는 일이다. 특히 달래 줄 마음으로 매번 물질적인 것으로 위로해 주지 말라.

4. 아내와 양육에 대한 의견차가 있다면 아내의 이야기를 고려하라. 모성은 아내가 양육에 대해 가진 천부적 달란트다.

5. 내 딸이 멋진 인생을 살기를 바라는 딸바보 아빠라면 옳고 그름, 해도 되는 일과 그렇지 않은 것, 해야 할 것과 하고 싶어도 참아야 할 것을 잘 가르치리라 믿는다. 안쓰럽지만 "안 돼!"라고도 말할 수 있는 단호함을 가진 아빠여야 한다.

유치원의 3월, 아침 등원시간입니다. 엄마 품에 안겨서 울며 등원하는 아이, 현관 앞에서 유치원 안으로 들어가지 않겠다고 버티는 아이. 스쿨버스에서 내려 씩씩하게 인사하며 등원하는 아이. 우는 아이를 두고 얼른 출근길 향하는 엄마. 아빠의 차로 직접 데려와 내려 주고 가는 아빠. 아이와 깊이 껴안으며 뽀뽀하고 다시 차를 돌려 나가는 아빠. 3월의 유치원 등원 풍경은 다양하고 활동적인 풍경 그 자체입니다.

선생님들도 바쁩니다. 우는 아이 달래랴, 유아에게 반갑게 인사하랴, 부모님께 인사하랴……, 유치원 특유의 활기가 넘칩니다.

교무실에 전화벨이 울렸습니다.

"윤지 아빤데요. 오늘부터 윤지, 유치원 안 보냅니다."

전화를 받은 선생님은 당황합니다. 아빠 말씀을 정리하면, 어제 아빠가 윤지와 함께 원에 왔는데, 현관에서 맞이하는 선생님이 반갑게 맞아 주지 않았다네요. 마침 윤지 담임선생님도 맘에 안 들었다고 합니다. 이제 윤지를 다른 데 보낸다는 통보 전화였습니다. 이 소식을 들은 윤지 담임선생님의 밝고 활기찼던 표정이 어두워졌습니다.

입학식을 하고 3일째 되는 날이었습니다.

헬리콥터 아빠는 위험하다

섭섭해, 서운해!

단순히 아이의 담임선생님이 마음에 안 들어서 아이의 퇴원을 결정한 것은 아닐 것입니다. 단지 현관에서 반갑게 맞아 주지 않았다고 그렇게 쉽게 퇴원을 결정한 것도 물론 아닐 것입니다. 여러 가지 복합적인 원인이 있으리라 짐작이 됩니다.

아이를 키우다 보면 부모로서 여러 가지 복잡한 감정을 경험하게 됩니다. 아이를 유치원이나 어린이집에 보내 보면 서운한 일도 있고 섭섭한 일도 많습니다. 믿고 보냈는데 아이한테 관심이 없는 것 같아 아이의 담임선생님께 서운하기도 하고, 아이 편에 편지를 보냈는데, 어떤 때는 선생님으로부터 답장도 없고, 가끔 아이는 선생님은 나 안 예뻐한다는 청천벽력 같은 소리를 해서 가슴이 덜컥 내려앉기도 하고. 아이가 다치고 왔는데 먼저 전화주기는커녕 아이 다친 것조차 모를 때도 있고, 우리 아이가 적응은 잘하고 있는지 참 많이 궁금한데 선생님은 전화도 안 주시고……. 어쩌다 통화하면 선생님은 아이가 잘하고 잘 지낸다고 하니 우리 애가 진짜 잘하는 건지 아님, 유치원 선생님들은 다 좋은 말만 하는 건지 도무지 모르겠습니다.

아이를 키우는 부모는 답답합니다. 이제 갓 유치원에 입학한 내 아이. 가뜩이나 등원을 어려워해서 아빠가 아침 시간 쪼개서 유치원에 데려갔건만, 선생님들이 상냥하고 밝게 내 아이 이름을 불러 주며 달려와 안아 주며 반가워해 줘야 하는데……. 기대만큼이 아닐 때도 있습니다. 섭섭합니다. 아빠가 보는 데서도 이러면 '교실에서는 제대로 가르치기는 하는 거야? 관심이나 있는 거야?'라는 의심도 듭니다.

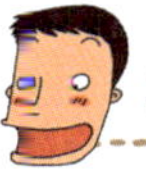

3월의 유아교육기관은 상상불허

당연히 관심 있습니다. 선생님들이 유아 한 명, 한 명을 사전에 일일이 파악하려 애쓰고 얼마나 열심히 입학을 준비하는지 저는 잘 압니다. 유아교사들에게 봄방학은 새로운 입학을 준비하는 기간입니다. 입학을 앞둔 2월 마지막 주에는 선생님들의 퇴근은 밤늦게나 가능할 정도입니다. 선생님들의 노력과 세심한 준비를 보면 선생님들이 얼마나 아이들을 사랑하는지 느낄 수 있습니다. 그러나 3월은 실수투성이라는 것, 누구에게나 쉽지 않은 달이라는 것 또한 고백합니다. 꽤 오랜 시간 유아교육의 길을 걸어온 저로서도 3월의 유치원과 어린이집은 두렵습니다. 오랜 경력만큼이나 노하우가 쌓일 만도 하지만 놀랍게도 3월은 언제나 어렵습니다. 그러니 그 혼란은 작년이나 올해나 매해 비슷한 무게로 다가옵니다. 이만큼 했으면 시행착오 없이 넘길 만도 한데 싶지만, 올해 맞이하는 네 살은 새로운 네 살이며, 다섯 살 역시 새로운 다섯 살을 시작하는 아이들입니다.

새로이 시작하는 아이들과 새로운 시행착오가 생기는 것은 어쩌면 당연할지도 모릅니다. 3월, 이제 막 새로운 사회에 발을 딛는 아이들은 세상에 나온 지 고작 몇 십 개월이 지난 아이들입니다. 낯설고 새롭고 두렵기도 한 환경에 적응하려는 이 아이들에게 닥치는 혼란이 얼마나 큰 것일지 짐작해 보는 것은 어렵지 않은 일입니다.

"엄마가 보고 싶어요."
"할머니가 좋아."
아이들은 자신이 애착형성을 한 사람을 찾으며 웁니다.
현관에서 안 들어오는 유아도 있습니다. 출근을 해야 하는 엄마는 우는 아이를 억지로 떼어 놓고 돌아서 울기도 합니다. 교실에서도 울고 있는 아이가 있습니다. 울음을 참고 있던 아이도 다른 아이가 울면 이때다, 하며 함께 울기 시작합니다.

3월은 그럴 때입니다. 오랜 경력을 가진 저도 대책이 없는 달 3월, 선생님들이야 어떻겠어요. 아이들과 같이 목 놓아 울고 싶은 심정일 겁니다. 게다가 등원 시간은 일정한 지라 그 시간이면 많은 유아들이 오는 시간이니 더 분주하기도 합니다.

그래서였을 겁니다. 밝고 상냥하게 맞아 주지 못했던 이유. 선생님도 3월은 아이와 함께 적응하느라 정신이 없는 것입니다. 3월이면 선생님들도 아이들과 함께 홍역을 치르고 있는 것입니다.

 ## "맘에 들어? 여기 다닐 거야?"

초겨울이면 유아를 둔 부모님들은 아이의 유아교육기관 입학을 위해 유치원과 어린이집을 방문합니다. 주위의 소문을 듣고, 인터넷을 검색하기도 하고 선배 부모들의 조언을 참고삼아 기관을 방문하여 입학 상담을 받고 결정을 하는 것이 일반적입니다.

요즘은 아빠와의 동행이 일반화되었습니다. 아이도 함께 데리고 와서 아이의 맘에 드는지도 확인합니다. 환경은 적절한지, 교실에는 교구가 많은지, 커리큘럼은 좋은지 등 부모의 관심은 한두 시간의 상담으로도 부족합니다. 내 아이가 1년에서 3, 4년 다닐 기관인데 당연합니다. 아빠의 질문이 더 예리합니다.

"교육 과정을 볼 수 있을까요?", "교실을 둘러봐도 되겠습니까?", "선

 아이의 사회성 아빠가 키운다

생님들은 경력이 있는 분들입니까?”, “특별활동 프로그램은 어떤 게 있
습니까?”

아빠들의 질문은 거의 전문가 수준입니다. 연간 교육 계획안, 월간 교
육 계획안, 주간 교육 계획안 등을 꼼꼼히 살피는 아빠의 모습은 더 이상
낯설지 않습니다. 이렇게 꼼꼼히 체크하는 아빠의 곁에서 엄마는 우아한
미소를 짓고 있습니다.

오랜 기간 유아교육의 현장에 함께한 저는 말 그대로 격세지감을 느낍
니다. 얼마 전만 해도 아내한테 끌려오다시피 한 아빠들은 아내의 질문이
많아지면 “아, 이제 그만 물어보고 선택해!” 하며 상담 시간을 힘들어 했
었지요. 이제 아빠들이 엄마의 역할을 합니다. 그리고 상담 시간을 마치면
아이에게 아주 교육적으로 묻습니다.

“지수, 여기 맘에 들어? 다닐 거야? 지수가 맘에 들면 아빠가 여기 보
내 줄 건데. 어때? 맘에 들어?”

아빠와 함께 입학원서를 쓰러 온 경우, 대부분의 아빠가 아이에게 다
정하게 물어보는 질문입니다. 아이가 선택하게 하는 민주적인 절차를
밟는 듯하지만 알고 보면 전혀 필요 없는 절차이기도 하지요. 유아교육
기관을 선택할 때 부모 두 분이 오셔서 이모저모 상담을 받는 시간이
적어도 30분~1시간 또는 그 이상입니다. 그래도 모든 궁금증을 풀 수
없는 것이 기관 선택이지요. 물론 아이가 다닐 곳이니까 아이의 의견도
존중해야 하기에 아이의 의견을 묻는 것이겠지만, 이 시기는 부모님의
현명한 선택이 필요한 시기이며, 특히 기관은 부모가 전적으로 판단해

야 할 부분입니다. 아이가 기관을 선택한다면 친구와 함께 장난감을 공유하기 싫다는 이유만으로 이렇게 말할지도 모릅니다.

"아빠, 친구가 안 놀아 줘. 나, 다른 데 다니면 안 돼?"

"아빠, 선생님이 나 싫어해. 친구들도 나 싫대. 나, 안 가면 안 돼요?"

선택은 자유 같지만 선택할 능력이 없는 사람에게 선택하라는 건 시험에 들게 하는 것일 수도 있습니다. 열 살까지는 부모가 현명한 판단과 결정을 해 주어야 할 일이 많습니다. 기관 선택도 이러한 것입니다.

국가로부터 인정을 받았고 인증을 받은 곳임에도 아빠 나름의 정보를 총동원해서 살피고 듣고 결정한 내 아이의 교육기관입니다. 이렇게 신중하게 선택한 기관이라면 신뢰할 만한 충분한 이유가 있습니다.

 아이의 사회성 아빠가 키운다

사랑해서 결혼한 부부도 맘에 들었다 안 들었다 하며, 나 자신 또한 맘에 안 들 때가 있는데, 이제 갓 시작한 아이의 단체생활을 며칠 내로 단정하는 것은 위험합니다. 아이가 며칠 다니던 유치원에 안 가고 아빠 손에 이끌려 다른 원을 순례하는 모습을 상상하는 것만으로도 안타까운 일입니다. 다른 친구들은 가방 메고 유치원에 다니는데, 자신은 다시 입학하기 위해 부모 손에 이끌려 여기저기를 둘러보는 것에 아이는 불안함을 느낄 수도 있습니다. 어린 유아일수록 규칙성을 좋아합니다. 남들이 무언가 할 때 자신도 함께 그 무언가를 하야 합니다. 다른 친구가 물 마시면 자신도 물 마시고 싶지요.

유아교육기관의 오리엔테이션은 부모의 몫이 큽니다. 일반적으로 1, 2차에 걸쳐 신입생 학부모 오리엔테이션을 합니다. 기관의 교육과정에 대한 안내도 있지만 기관에 보내면서 부모님이 도와줄 일이 주를 이루는 것은 아이는 아직 부모님의 전적인 도움이 필요한 시기이기 때문입니다. 잘 듣고, 도와주면 아이의 1년 생활이 편안합니다. 교육은 기관과 가정과의 연계가 있어야 효과가 배가되기 때문입니다.

신중하게 선택한 기관에서 우리 아이가 잘 적응하도록 도와주는 아빠가 진정으로 아이의 교육에 관심을 갖는 아빠입니다. 교육은 선택한 기관에 맡기고 가정에서 무엇을 도와주어야 할지 생각하고 협조하면 우리 아이의 유아기는 행복합니다.

아빠가 유아기 교육에 관심이 많은 건 알지만 유아교육 전문가는 아닙니다. 그래서 전문기관에 보낸 것입니다. 우리 아이를 왜 유아교육기관에 보냈는지 그 본질을 기억해야 합니다. 때로 원장님이 맘에 안 들고 아이 담임선생님이 맘에 안 들 때도 있습니다. 혹시 기대에 못 미칠 수도 있지만 잘하는 점을 찾기 시작하면 선생님들이 참 대단하다는 생각이 들 겁니다. 선생님의 표정 하나, 말투 하나하나를 체크하는 아빠라면 유아교육에 관심이 지대한 아빠입니다. 감사한 일입니다.

이렇게 아이의 교육에 관심이 지극한 아빠를 '헬리콥터 맘'에 비교하여 '헬리콥터 대디'라고 합니다. 그러나 헬리콥터 맘이라는 용어에 약간의 우려가 섞여 있다면, 헬리콥터 아빠는 '교육에 관심이 많은 아빠'라는 건전한 의미가 담겨 있는 용어라고 신문에서 언급하더군요. 그렇기를 바랍니다.

관심은 갖되, 간섭은 금물입니다. 간섭과 관심은 다릅니다. 아이의 교육기관을 빙빙 돌며 일일이 체크하면 교육은 이루어질 수 없습니다. 한 명의 아이에게는 엄마, 아빠라는 보호자 외에도 때로 할아버지, 할머니, 고모, 이모 등 여러 명의 보호자가 있을 때도 있습니다. 백 명의 아이가 있는 기관이라면 이삼백 명의 보호자가 있을 테고, 교육관이 일치할 수 없으며, 마음이 똑같을 수 없을 테니 만약 이분들의 관심이 간섭의 수준이라면 그 기관이 제대로 된 교육을 할 수 없는 것은 자명합니다.

우리 아이 기관을 신중하고 현명하게 선택하기 바랍니다. 그리고 아이의 유아교육은 선택한 유치원과 어린이집에 맡기세요. 아이의 성장을 기다려 주듯, 천천히 경험하며 기다려 주면 아빠가 선택한 유아교육 기관의 가치가 보일 것입니다.

우리 아이 성공적으로 유아교육기관에 보내기

1. 기관을 선택할 때는 시설보다 분위기를 파악한다

시설에만 관심갖지 말고 분위기를 보자. 특히 선생님들의 표정, 밝고 환한 분위 기가 중요하다.

2. 오리엔테이션에 참석하여 잘 듣는다

해당 기관의 커리큘럼, 방침, 협조사항이 자세히 안내되는 시간이다.

3. 기관을 신뢰한다

해당 기관을 선택할 때는 깐깐하게, 그러나 선택 후에는 신뢰가 중요하다.

4. 내 아이는 소중하다. 그러므로 내 아이 선생님은 더 소중하다

내 아이가 가장 많은 영향을 받는 분이 아이의 선생님이다. 부모님의 따뜻한 미소 와 격려로 선생님들의 마음이 행복하다. 그 행복은 내 아이에게 돌아온다.

5. 궁금한 점은 유치원, 어린이집과 직접 상담한다

인터넷 상의 카페 및 모임에서 의견을 나누는 것은 때로 정확하지 않을 수 있 다. 우리 아이가 다니는 기관의 원장님 및 선생님과 의견을 나누는 것이 가장 정 확하다.

49개월 민채와 46개월 지민이의 다툼이 일어났습니다. 평소에 정말 친한 사이인데 둘이 함께 놀다가 가끔 의견 충돌이 있지요. 이날은 말다툼에서 시작해 얼굴에 손으로 상처를 내는 일로까지 이어졌습니다. 민채와 지민이 모두 상처가 났습니다. 민채의 상처는 손톱에 약간 스친 상처라 빨갛게 부풀어 올랐지만 흉터는 남지 않을 것 같습니다. 문제는 손톱자국이 선명하게 난 지민이의 상처입니다.

얘기를 들어보니 의견 충돌이 있던 터에 지민이가 민채의 얼굴을 꼬집은 것이지요. 그러자 민채도 지민이의 얼굴을 꼬집은 것입니다. 시작은 지민이였지만 놀란 민채가 손에 힘을 주고 대드니 지민이의 상처가 더 크게 났습니다. 유아들의 돌발적 행동 중에 가장 조심스럽고 속상한 일입니다.

"속상하지만 어쩌겠어요. 선생님도 놀라셨지요?"

위로하는 민채 엄마 덕분에 선생님은 그나마 마음을 가라앉혔습니다. 지민이 얼굴 상처는 깊어서 더 조심스러웠지만 선생님은 지민이 엄마에게 지민이가 먼저 민채를 꼬집은 것도 말씀드리고 본인의 마음도 전했지요.

"네, 선생님. 저는 애들끼리 그럴 수 있다고 이해하지만, 아빠가 어떠실지 모르겠어요. 워낙 애한테 민감해서요."

오후 6시 30분. 지민이 아빠한테 전화가 왔습니다. "애가 이 지경이 되도록 선생님은 뭐하신 건가요?"라는 요지의 항의 전화였지요. 아빠의 목소리와 함께 들리는 지민이의 목소리.

"아빠, 내가 먼저 때렸다니까~."

그러나 선생님에 대한 지민이 아빠의 질타는 몇 분 더 지속되었습니다.

04

아이들의 싸움에 고민하지 마라!

손으로 말을 하는 아이들

얼마나 속상했을까요? 흉터가 남을까 얼마나 안타까웠을까요. 아이들 키우다 보면 이런저런 일로 참 당혹스럽고 놀랄 일이 많습니다. 또래끼리 노니 양보도 쉽지 않고, 다툼이 자주 일어나고, 이렇게 손톱 상처까지 납니다. 친할수록 다툼도 많이 일어납니다. 자주 함께 노니까요. 놀다 보면 의견 충돌이 많고 자기중심적 아이들이므로 양보와 배려에 대해 알면서도 순식간에 잊어버립니다. 그런 데다 같은 수준의 발달 과정에 있는 아이들이니 절대적 양보란 있을 수 없지요.

유아교육기관에서 월요일 아침에 하는 중요한 활동 중의 하나는 유아들의 손톱을 검사하는 일입니다. 만약에 손톱이 긴 경우에 교사는 그 유아의 손톱을 깎아 줍니다. 아이들은 오감을 통해 가장 잘 배웁니다. 뛰고, 걷고, 보고, 만지며 잘 배우는 시기이지요. 특히 손을 활용한 활동은 유아들에게 거의 전부라 할 정도로 많습니다. 교구도 손으로 만지고 조작하며 크레파스를 손에 쥐고 그림을 그리고, 핑거 페인팅하고, 종이를 찢고, 오리고, 만들며 배웁니다. 인간에게 손이란 원래 중요한 것이지만, 발달에 가장 중요한 역할로 손을 사용하는 시기가 바로 유아기일 것입니다. 그러다 보니 손톱이 길면 크레파스가 손톱 밑에 끼어 청결에도 안 좋고 모래놀이며 점토놀이를 하는 데도 불편합니다.

특히 유아기는 상대방을 배려하는 것이 정말 쉽지 않은 시기라서 툭하면 다툼이 일어나고, "쟤가 그랬어요. 나는 안 그랬는데요." 하며 이르는 유아가 많습니다. 자기중심적 사고를 하는 유아기이기 때문입니다. 자신이 1등 하고 싶으면 앞의 아이를 밀쳐 내고라도 1등을 해야 하는 아이가 있습니다. 그 아이의 말을 들어보아도 이유가 있는 시기가 유아기입니다.

다툼과 아울러 상처를 내는 일도 있습니다. 때로 물고 떠밀기도 하지만 대체적으로 손톱 상처가 많습니다. 어른들은 말로 다투지만 아이들은 손으로 말을 대신할 때가 있지요.

민채와 지민이의 사례는 유아교육기관에서 일어나는 아주 전형적인 것입니다. 아이들은 친하게 놀다가 다투고, 다음에도 또 같이 놉니다. 잦은 충돌이 있을 경우에는 교사가 중재를 위해 따로 놀도록 유도하지만 어느새 같이 놀고 있지요. 그러다 보니 같은 아이와 다투는 반복적인 사건이 일어나서 교사와 부모님들을 곤혹스럽게 만듭니다.

지민이 아빠의 이야기를 듣고 저는 여러 가지 생각이 났습니다. 요즘은 아이들의 교육에 아빠들의 참여도가 높아졌습니다. 아침 등원 길에 아빠가 자녀들을 데려다 주는 일도 부쩍 많아졌고, 유치원이나 어린이집의 행사에 아빠들이 참석을 많이 하지요. 아이의 생활에 관심도 많아져서 유아교육기관에 전화를 해서 아이가 어떻게 지내는지 상담을 하는 아빠도 많습니다. 참 바람직한 현상입니다.

그러나 이러한 바람직한 현상 뒤에는 몇 가지 생각해 보아야 할 것들이 있습니다. 다쳤거나 상처 났을 경우를 예로 들어 살펴보겠습니다. 아이들의 상처에 민감하지 않은 부모는 없지만, 엄마들은 아이를 양육하며 다양한 경우를 통해 알고 있습니다. 아이들은 엄마가 지켜보는 앞에서도 순식간에, 정말 눈 깜짝할 사이에 넘어지고 떨어지고 그래서 눈옆이 찢어지고 다리가 부러지는 사고가 난다는 것을요. 거짓말처럼 상처도 정말 아찔한 부위에 난다는 것, 예를 들면 평지에서 넘어졌는데도 눈 바로 옆이 찢어진다든지, 다리가 부러질 만한 높이가 아닌 데서 뛰어내렸는데 깁스를 해야 한다든지, 엄마를 기막히게 하는 사건사고가 나는 것을 경험을 통해 또는 간접적으로라도 알고 있습니다. 그래서 아이가 밖에서 상처를 입고 오면 속이 뒤집어지게 상하더라도 억지로라도 이해를 하게 됩니다. "애들이 놀다 보면 그럴 수도 있는 거야." 하며 화를 참습니다. 때로 오지랖 넓게 "선생님도 우리 애 때문에 놀라셨지요?” 하며 담임선생님을 위로하기도 합니다. 정말 선생님을 위로하기 위해서라기보다는 어쩔 줄 몰라 하는 선생님과 공감할 뿐 아니라 전후 사정을 들어보면 이해 안 되는 바도 없기 때문입니다.

애가 이 지경이 되도록 뭐하고 있었던 거야?

그런데 아빠들은 그게 안 됩니다. 아이들은 구르는 공만큼이나 재빠른 데다 잠시라도 가만있지 못하는 것을 아빠들도 조금은 알면서 아이에게 좋지 않은 일이 생기면 도무지 딴 세상에서 온 사람 같습니다.

언젠가 부모교육 강연을 마친 후 한 엄마가 제게 질문을 했습니다. 남편은 문제만 생기면 모든 것을 아내의 잘못으로 돌리는데, 특히 아이 문제에 대해서는 집착에 가깝다고 합니다. 이번에 아이가 대학에 갔는데 남편이 원하는 대학에 못 들어가니까, 그 동안 뭐했느냐, 그 많은 학원비는 뭐냐, 이따위 결과 보려고 내가 돈 갖다 주었느냐 하며 큰소리치더랍니다. 그럴 때 어떻게 하면 좋겠는가에 대한 질문이었지요.

지금 젊은 아빠들이 아이의 교육과 양육에 관심을 갖는 것은 참 다행입니다. 훗날 아이 엄마에게 전적으로 양육의 결과를 다그치지는 않을 테니까요. 그런데 제대로 알지 못하고 참여하는 양육과 교육은 때로 위험합니다.

지민이 아빠의 경우를 예로 몇 가지 짚어 볼까 합니다. 먼저 지민이

 아이의 사회성 아빠가 키운다

의 상처에 대해 걱정하는 것은 이해합니다. 평소 아이에게 관심 없던 아빠도 아이가 상처가 나면 민감해지니까요. 자녀교육에 관심을 갖고 계심도 감사한 부분입니다. 그러나 아빠는 중요한 것을 놓쳤습니다.

첫째, 지민이 앞에서 선생님을 비난하고 선생님의 잘못을 지적했습니다. 속상했기에 아이 앞이라는 것도 잠시 잊었겠지요. 그러나 유아들이 생각하는 선생님은 정말 좋은 선생님, 정말 사랑하는 선생님입니다. 아이들이 가장 많이 모방하면서 배우는 대상이 아이의 선생님이지요. 지민이에게 그런 하늘 같은 선생님을 아빠는 한순간에 실추시켰습니다.

둘째, 지민이 아빠는 내 아이의 상처에 대해 분노는 했지만, 상대 아이에 대한 배려가 없었습니다. 그것을 아이에게 가르쳐 주었습니다. 내 아이만 소중하다, 상대가 어찌 됐든 그건 관심 없다……. 아빠의 품성은 아이의 품성에 그대로 전달됩니다. 부모가 바라보는 세계관이 아이의 세계관입니다.

셋째, 아빠는 지민이에게 결과만 중요하다는 것을 가르쳤습니다. '앞뒤 정황은 필요 없다, 내 아이 다친 게 중요한 문제다!' 과정의 중요성을 생략하고 결과만 놓고 평가하는 것이 얼마나 위험한 일인가를 우리는 잘 알고 있고, 그러한 병폐가 청소년에게 미치는 악영향이 얼마나 큰지도 경험하고 있습니다. 자기 뜻대로 되지 않았을 때, 학교 시험 성적이 안 좋다고 자살하는 것 등이 그러한 예입니다.

지나친 결과주의를 경계하는 많은 경구와 과정의 중요성에 대한 현자들의 이야기를 들려줘야 하는 것이 아빠의 역할입니다.

그런데 소중한 내 아이에게 과정의 중요성을 가르치고 경험시켜야
할 아빠가 "그런 이유 듣고 싶지 않고 애 상처는 어쩔 거냐."고 반복해
서 따집니다. 죄송함으로 절절매며 전후 사정을 얘기하는 선생님한테.
그것도 아이 앞에서 말입니다.

맞지만 말고 때리고 와! – 아빠의 인격 안에서 자라는 아이

이튿날 지민이가 들려준 말은 이 글을 쓰지 않을 수 없게 했습니다.
"선생님, 아빠가요. 맞지만 말고요, 때리고 오래요. 다음에 또 꼬집히
면 아빠가 온대요."
아이의 말을 고스란히 믿는 것은 아니지만 왠지 지민이의 말은 아빠
의 말을 잘 전달하고 있다는 느낌이 듭니다.
"하지만 지민아, 어제 지민이가 먼저 민채를 꼬집어서 민채도 상처
났잖아."
선생님의 말에 지민이의 대답은,
"그래도 민채가 잘못해서 내가 때린 거예요. 아빠가 다음에 상처 나
서 오면 혼낸대요."입니다.
어제만 해도 지민이는 민채에게 사과했고 민채 또한 지민이에게 사
과했습니다.
"민채야, 미안해." 했던 지민이는 이제,

“아빠가 민채랑 놀지 말고 딴 애랑 놀래요. 바보같이 맞기만 한다고 엄마랑도 싸웠어요.” 하는 지민이로 바뀌었습니다.

그러므로 넷째, 아빠는 지민이에게 불의를 가르친 겁니다. 잘못이 있을 때 “미안하다.”고 사과하는 마음에 혼돈을 준 것이며, “네가 잘못한 게 있어도 네가 상처 났으면 잘못 없는 거다.”라고 불의의 편을 들어 준 것입니다.

다섯째, 아빠는 지민이에게 얼굴에 난 손톱 상처보다 더 큰 마음의 상처를 주었습니다. 꾸중에도 스킬이 있습니다. 꾸중을 할 때는 그 일에 관련된 행동에 대해서 하는 것인데, 지민이를 바보로 만들고 선생님과 상대 아이를 이해하는 지민이 엄마를 바보 같은 사람이라고 오히려 폄하했습니다. 그것도 또한 아이 앞에서. 자신 때문에 선생님이 아빠한테 큰소리 듣고 엄마, 아빠가 싸우는 모습을 보였을 때 지민이가 받는 정신적 충격은 손톱 상처에 비할 바가 아닙니다. 그리고 아빠는 문제의 책임을 상대방에게 모두 전가했으며, 그 애랑은 다시 놀지 말라고 가르쳤습니다. 지민이는 그럼 누구와 놀아야 하는 걸까요?

사람의 삶은 모양이 다양합니다. 미울 때도 싫을 때도 미안할 때도 무안할 때도 억울할 때도 많습니다. 그것들과 조화를 이루며 때로 문제를 잘 해결하고 대처해 나가는 게 사회생활이고 좀 더 크게 말한다면 인생입니다.

우리 아이가 다쳤고, 그 상처를 보는 순간 어떤 부모라도 감정의 변화가 생깁니다. 그럴 때 보여 주는 것이 ‘인격’입니다. 분노의 감정이 나쁜 게 아닙니다. 그러나 제대로 조절하지 않은 분노의 감정을 아이 앞에서 보여 주는 것은 참으로 위험합니다.

아빠는, 특히 아이에게 아빠는 체격으로 보아도 큰 사람이고, 목소리를 들어도 큰 사람입니다. 그런 아빠이기에 아빠가 보여 주는 분노는 아이에게 더 크게 전달됩니다. 아빠는 완성된 인격체입니다. 아이 앞에서 아빠는 때로 성직자 수준이어야 할 때가 많습니다. 격정적 순간에서도 반듯한 아빠의 인격적인 모습이 우리 아이의 미래 모습입니다. 우리 아이가 세상에서 겪은 불이익에 대응하는 아빠의 자세가 좀 더 진

 아이의 사회성 아빠가 키운다

중해야 할 이유입니다. 오늘도 소중한 내 아이는 아빠의 인격 안에서 자라고 있습니다.

아이의 안전과 올바른 가치관 형성을 위한 도움말

1. 일요일 오후에는 아이 목욕 후 손톱과 발톱은 반드시 짧고 청결하게 깎아 준다

뛰며 노는 아이들에게 긴 발톱은 불편하며 발가락이 겹질릴 경우에는 발톱이 휘어져 피가 나는 경우도 있다. 특히 손톱은 짧게 깎은 후 끝을 둥글고 부드럽게 둥글려 준다. 아이들은 누구라고 할 것 없이 의견 충돌이 있거나 혹은 활동을 하다가 실수로 상대방 얼굴 혹은 팔 등을 할퀼 수도 있다. 손톱을 짧게 깎아 주는 것은 안전에 대한 차선의 예방책이며, 어떤 경우에라도 누군가를 때리거나 꼬집는 것 등은 '절대 안 된다.'고 반복하여 가르치는 것은 최선의 예방책이다.

2. 부모의 가치관이 아이의 가치관이 된다

아이들의 동화가 권선징악으로 마무리되며, 해피엔딩인 이유는 유아기는 가치관을 형성해 가는 시기이기 때문이다. 백설공주가 독사과를 베어 먹고 죽었다면, 그래서 나쁜 왕비가 세상에서 제일 아름다운 사람이라고 거울이 말한다면 아이들은 혼란스럽다. 착한 백설공주가 죽었다고? 나쁜 왕비가 이긴 거야? 이건 말도 안 돼! 말도 안 되는 상황을 많이 경험하면 가치관 형성을 해 가는 유아들에게 가치관의 혼란이 일어나고 바른 가치관 정립이 불가능하다. 아동문학에 '교육성'과 '교훈성'이 들어 있는 이유이다. 아이들은 보고 들으며 그게 세상이라고 배우고 있다. 부모의 바른 가치관이 아이의 가치관이 된다.

담임선생님과 다섯 살 반 친구들이 함께 아침 산책을 합니다. 산책을 하며 친구들과 재잘재잘 이야기하는 것도 즐겁습니다. 그런데 길가에 담배꽁초가 떨어져 있습니다. 담배꽁초를 본 승진이가 수민이에게 묻습니다.

"너네 아빠는 담배 피우니?"

수민이가 자신만만하게 대답합니다.

"아니, 이제는 안 피워."

그 대답을 들은 승진, 한숨을 쉬며,

"우리 아빠는 내가 끊으라고 말을 했는데도 말을 안 들어."라고 말합니다.

그 말을 들은 수민이의 목소리가 더욱 커지며,

"그래? 우리 아빠는 한 번 피우지 말라고 내가 말하니까 안 피우는데." 하며 승진이의 고민을 몰라 줍니다.

수민이의 말을 들은 승진이의 얼굴이 더 심각해집니다. 그러면서 중얼거립니다.

"왜 아빠는 피우지 말라는데 피우는 거야!"

《3-7세, 부모들은 모르는 내 아이의 사회생활》에서 발췌

05

가족을 위해 퇴근을 서두르자

 **불필요한 저녁 모임 과감히 쳐내기**

일반적인 아빠들의 하루를 생각해 보면 '바쁩니다.' 바빠서 취미활동은 엄두도 못 내고, 바빠서 아내와 영화 한 편 보기도 어렵고, 바빠서 아이들과 놀 시간도 없습니다. 바쁘니 몸이 피곤하고, 바쁘니 수면 시간이 부족하고, 수면 시간이 부족하니 더 피곤하고, 그 상태로 또 반복되는 바쁜 하루를 지내니 피로가 누적되기만 합니다. 피로를 풀 수 있는 주말에 늦잠이라도 자면 부족한 수면이라도 채울 수 있을 텐데, 일주일 내내 아빠를 바라보기만 했던 가족들은 이를 가만 놔두지 않습니다.

아빠와 실컷 놀아야 아이들이 잘 크는 걸 알지만, 실컷 놀아 주기는 커녕 몇 분 놀아 주기도 전에 몸이 힘듭니다. 억지로 놀아 주는 아빠는 힘에 부치고 그런 아빠와 노는 아이가 재미있을 리 없습니다. 아이들은 아빠와의 힘찬 놀이를 원하는데, 아빠는 힘이 넘치기는커녕 기진맥진한 모습입니다. 모든 것이 귀찮으니 소파에 눕고, 그러다 아내 핀잔을 듣고 그 핀잔을 받는 모습을 우리 아이가 보며 자랍니다. 이 악순환을 어쩌면 좋을지 난감합니다. 혹시 악순환의 시발점이 '늦은 귀가'는 아닐까요. 늦은 귀가의 원인은 '저녁 모임'이며, 굳이 탓을 하자면 '불필요한 저녁 모임'일 것 같습니다. 사회생활을 하면서 불필요한 모임은 없다고 생각할 수 있습니다. 때로는 그 모임에 가고 싶지 않은데 억지로 가는 거라고 자신을 변명하는 아빠도 있을 것입니다. 그러나 그건 명백한 변명입니다. 가고 싶지 않은 모임에 가다니, 그건 자신의 인생에 주체가 되지 못한다는 고백입니다. 시간을 내어 종이에 적어 보십시오. 퇴근 후 모임은 '가야만 하는 자리'보다 그렇지 않은 경우가 더 많을 수도 있습니다. 그렇다면 과감히 쳐내기 바랍니다. 불필요한 저녁 모임, 아니 저녁 모임이라는 그 자체를 통째로 점검해 보는 것이 좋겠습니다.

아빠의 행복다이어리, 금연, 금주, 절주!

누구는 그러고 싶어서 그러냐고, 할 수 없다고, 나도 힘들다고! 이해는 합니다. 그러나 아빠가 양육에 참여해야 아이가 제대로 자랄 수 있는 이 시대에 아빠가 이렇게 자신만 유리한 쪽으로 변명하며 사회생활

 아이의 사회성 아빠가 키운다

을 한다면 우리 아이는 아빠를 잘못 만난 것입니다.

'개천에서 용 나는 시대'라면 아빠 잘못 만난 것쯤 어찌해 보겠는데, 우리가 이미 인정했습니다. 아빠가 개천이면 아이는 미꾸라지도 될 수 없습니다. 아이들은 저대로 크는 것이 아니라 부모가 일정기간 잘 키워야 하는 것이기 때문입니다.

절제력을 가진 아빠라면 아이는 아빠를 잘 만난 것입니다. 그런 아빠는 아이를 제대로 양육하는 지혜도 가졌을 겁니다.

잘못 키운 아이는 부모가 평생 A/S해 주어야 합니다. 몇 년 정신 번쩍 차리고 잘 키우는 것이 훨씬 낫지 않을까요. 아빠의 Wish List에는 아빠와 아내, 아이의 희망사항이 함께 적혀 있어야 합니다. 아빠의 인생에 이미 가족이 함께합니다. 내 아이의 행복을 위한 목록을 작성해 보십시오. 아이에게 목욕시켜 주기, 아이와 놀아 주기, 아이에게 책 읽어 주기……. 그러려면 아빠가 건강해야 하고 아빠가 먼저 행복해야 합니다.

아빠의 건강과 행복을 위해 금연과 금주 또는 절주를 권합니다. 만약 어렵다면 우리 아이가 열 살 될 때까지만 참아 보면 어떨지요. 금연, 금주, 절주가 '아빠의 행복'을 보장합니다. 밖에서의 즐거움을 조금 줄인 만큼 가정에서 많은 관심과 사랑을 받을 것입니다. 나의 창조물 내 아이로부터 꼭 필요한 아빠가 되고, 나의 아내에게 최고의 남편이 될 수 있으니 행복하지 않을 수 없습니다.

거리를 나서던 참으로 많은 종류의 술집이 즐비한 나라, 대한민국.

이 유혹의 거리를 그냥 지나치기엔 참으로 가혹하지만, 아이를 가진 대한민국의 아빠이기에 과감히 지나칠 수 있어야 합니다. 이 유혹의 한가운데서 탈출하기가 결코 쉽지 않겠지만, 내 아이의 미래를 위해 총총 집으로 향하길 바랍니다.

나른한 오후, 술 한 잔 하자는 친구의 전화가 뛸 듯이 반가워도 아빠를 기다릴 어린 자녀를 위해 '이 술 약속이 정말 필요한가.'라는 철학적 질문을 던지는 쫀쫀한 남자가 되어야 합니다. 아빠는 그냥 남자가 아니라 아빠이기 때문입니다. 지금 술 마시고 휘청거리는 아빠의 모습이 미래의 내 아이 모습이 됩니다. 가족의 눈치와 주변 사람 눈치를 보며 담배를 피우는 아빠의 모습이 바로 몇 년 후 내 아이 모습입니다. 세상에는 술과 담배 아니어도 아빠로서 즐길 만한 것들이 산재해 있습니다. 무궁무진합니다. 그것을 찾아내어 실천하는가, 알고도 모른 체하는가, 알지도 못한 채 아이가 다 커 버린 후에 후회하는가는 아빠의 선택입니다. 세월을 거꾸로 돌이켜 살 수 없습니다. 지금 아빠와의 시간을 기다리는 아이가 있을 때 아빠의 시간이 더 가치있어집니다.

"나는 아이들이 아버지를 갖지 못 한다는 사실을 떠올리고는 울음을 터뜨린다. 나는 내가 잃을 것들보다 그들이 잃을 것들에 더 집착한다."

《마지막 강의》의 저자 랜디 포시가 죽음을 앞두고 아내와 아이들을 생각하며 한 말입니다. 그가 마지막 강의를 마치고 아내와 포옹하던 장면을 잊을 수 없습니다. 그는 세상을 떠났지만 그는 '가족에 대한 사

 아이의 사회성 아빠가 키운다

랑'의 메시지를 강하게 전해 주었습니다.

아빠, 당신이 건강하게 아들과 딸 곁에 있을 수 있으니 얼마나 행복한
가요. 당신이 아이들에게 무언가를 해 줄 수 있는 건강한 아빠인 것이 얼
마나 감사한 일인가요. 아이들의 입장이 되어 아빠에게 떼 부려 보듯 써
보았습니다. 그리고 일곱 살, 한 남자아이의 글로 가무리합니다.

"아빠, 술 마시면 싫어요. 담배 피우지 마세요. 오래오래 저랑 함께
사세요."

퇴근 무렵, 민지 아빠로부터 전화가 왔습니다. 민지 아빠는 외국에 나가 있는 엄마의 부재로 인해 아이 기죽을까 유난히 신경을 쓰는 분입니다. 민지와의 시간을 함께하기 위해 퇴근도 일찍 하고 교육에도 매우 적극적인 아빠입니다.

"선생님, 민지가 레고 블록 사람 인형을 가지고 왔는데요. 민지 얘기로는 선생님이 가져가라고 주었다고 해서 확인 전화드렸습니다."

민지 아빠의 목소리는 약간 놀란 듯했고 화도 약간 난 듯합니다. 우는 소리가 나는 걸 보니 민지도 옆에 있습니다.

"아, 레고 블록을 가져갔군요. 사람 모형은 애들이 워낙 좋아해요. 그래서 학기 초에는 사람 숫자가 자꾸 줄어들어요."

선생님은 놀란 민지 아빠도 진정시킬 겸 편안한 분위기를 만들어야겠다고 생각해서 약간의 유머도 곁들였습니다. 레고 블록은 유아들이 매우 좋아하는 조립용 놀잇감입니다. 아이들은 블록을 조립하고 마지막으로 사람 모형으로 완성을 하지요.

"근데요, 선생님. 솔직히 제가 당황한 건 얘가 자꾸 거짓말을 하는 거예요. 더 화가 나는 건 물어볼 때마다 자꾸 둘러대는 겁니다. 아니, 애가 벌써부터 거짓말을 하고 둘러대기까지 하니, 다섯 살 같지 않아요."

"민지 아버님, 민지만 그런 게 아니고요, 그 연령의 아이들은 급하면 말을 곧잘 만들어 내요."

"죄송하지만 선생님들은 다 좋게만 말씀하시는 것 같아요. 이건 도둑질이잖아요."

아빠는 '도둑질'이라는 말을 하고는 아빠 자신도 놀랐는지, 말을 딱 멈추었습니다.

아이의 거짓말,
성장의 과정이다

 **우리 아이 발달단계 알기**

아이의 발달단계를 알면 민지의 행동은 그리 심각한 것이 아닙니다. 오히려 이에 지나치게 놀라며 '도둑질'이라 표현하는 아빠의 말씀이 심각한 것입니다.

민지는 이제 40여 개월 된 여아입니다. 이 시기 아이들은 '내 것'과 '남의 것', '공동의 것'을 구분하지 못할 때가 있습니다. '다 내 것'이라고 생각하는 유아도 있습니다. 정도의 차이가 있을 뿐이지, '내 소유'에 대한 집착과 착각은 이 시기 유아들의 발달 특성이지요.

소유에 대한 정도의 차이는 아이가 그 물건에 얼마만큼 애착을 가지느냐에 달려 있습니다. 아이가 그 물건에 대해 강한 소유 욕구를 가졌다면 어린 연령의 유아는 그 순간 그 물건이 자기 것이라는 착각을 하게 됩니다. 그리고 본능적으로 자신의 것이 된 '자기 것'을 챙기는 것이지요. 부모님으로부터 "이거 누구 거니?"라는 질문을 받기 전까지 그 착각은 지속됩니다.

무엇이 질서인지, 왜 줄을 서야 하는지, 왜 실내에서는 뛰지 말고 걸어야 하는지, 왜 친구들과 함께 사이좋게 놀아야 하는지를 하나하나 배워나가는 시기가 유아기입니다. 이제 세상의 기본 질서를 배워 나가는 시기라는 것은, 다시 말하면 이전 시기에는 이런 것을 몰랐다는 이야기입니다. 차근차근 배워 나갈 것입니다. 유아기는 내 맘에 드는 것과 내가 가져도 되는 것의 의미 차이, 내 것과 남의 것의 구분, 갖고 싶지만 안 된다는 자제력 등을 배우는 시기이니까요. 학기 초라 그렇지 만지도 시간이 좀 더 지나면 왜 유치원 물건을 집에 가져가면 안 되는지 알게 됩니다.

 아이의 발달을 알면 좋은 말이 먼저 나온다

민지 아빠의 이야기에서 주목할 만한 멘트를 찾았습니다. "선생님들은 다 좋게만 말씀하시는 것 같아요."라는.

모 잡지에서 Q&A 원고를 청탁해 온 적이 있었습니다. 유아교육기관에 아이를 보내고 있는 유아기 부모님의 궁금한 질문에 대해 답변을 하는 원

 아이의 사회성 아빠가 키운다

고였는데, 질문 가운데 민지 아빠와 거의 흡사한 사례가 있었습니다.

"아이 선생님과 상담을 했는데 아이의 좋은 점만 얘기해요. 다른 엄마들한테도 물어보니 유치원이나 어린이집 선생님들은 다 비슷하게 좋은 얘기나 칭찬만 한다고 했습니다. 아이 담임선생님의 말씀을 다 믿어야 하는 걸까요? 제가 보기에 우리 아이는 산만한데 선생님은 문제가 없는 것처럼 얘기하세요."

이 질문을 보고 처음에는 '별 질문도 다 있구나.' 했습니다. '아이 잘 지낸다는, 잘하고 있다는 말을 못 믿겠다니? 선생님이 부모한테 굳이 참말이 아닌 것을 말한다고 생각하는 이유가 뭘까?' 했습니다. 그러나 제가 답변을 하면서 깨닫게 된 것이 있습니다. 부모들은 아이를 키우지만 정작 키우는 아이에 대한 이론적 지식이 충분하지 않다는 점이었습니다. '발달 특성에 대한 지식이 있으면 혼돈이 없었을 텐데'하며 이해가 되었습니다.

유치원 선생님들이 좋게 말하는 게 아니고 발달 특성을 알기에 그에 맞는 말을 하는 것입니다. 그런데 그 말이 긍정적인 말이라서 많은 부모님들이 '유치원이나 어린이집 선생님들은 애들 말을 다 좋게 한다.'고 하는 것입니다.

유아 교사들은 '산만하다'는 말 대신에 '활동적이다'라고 말을 합니다. 돌려 말하는 게 아닙니다. 이 시기 유아들, 특히 남자아이들은 지나칠 정도로 활동적일 때가 많습니다. 그럼, 산만한 것이 아닌가 하고 말할 수 있겠지만 이 시기 유아들은 가만있지 못하며, 아주 흥미롭지 않으면 집중시간도 매우 짧다는 발달 특성이 있습니다. 아이들의 집중 시간도 발달단계와 긴밀한 관련이 있습니다. 그래서 유아들의 수업은 집중 시간을 고려하여 20여 분 정도로 나누어 진행합니다. 이 시간을 넘기게 되면 집중도가 떨어져 학습효과가 낮아집니다.

자신이 재미없다고 느끼면 집중을 안 하는 것도 지극히 정상입니다. 그래서 유아 교사들의 수업 준비는 입체물이 많지요. 유아시기의 지극히 보편적인 발달 특성인 활동적이고 호기심 많은 것을 '산만하다'는 사전적 의미로 규정지을 수는 없는 것입니다.

이 모든 것이 유아기 아이들의 발달 특징입니다. 이런 발달 특징을 알면 아이의 세계를 이해할 수 있으며 아이와 부모님 모두 혼란을 덜 겪으면서 양육할 수 있는 것입니다.

어른이 원하는 대로 말할 준비가 된 아이들

네 살 반에 들어간 제가 활짝 웃으면서 밝은 목소리로 이렇게 말을 합니다.

"선생님이 머리 모양을 바꾸었어요. 파마했는데 예뻐요?"

삼십 개월도 안 된 아이들이 뭐라고 대답하는지 궁금하지요? 이구동성, 준비라도 된 듯 대답합니다.

"네에~, 예~뻐~요."

맙소사! 참고로 제 머리는 짧습니다. 게다가 아이들은 짧은 파마머리 싫어합니다. 아이들은 긴 생머리를 좋아합니다. 게다가 제가 네 살 아이들에게 예쁘다는 말을 듣는 건 참으로 황송한 처지입니다.

"예뻐요?"라고 묻는 제 말이 단순히 의견을 묻는 게 아니라 "예쁘지? 그치?" 하며 강요에 가까운 확인이라는 것쯤은 이 어린아이들도 아는 것입니다.

다른 네 살 반에 들어갔습니다. 그리고 얼굴을 찡그리며 불만 가득한 목소리로 제가 말합니다.

"선생님이 머리 모양을 바꾸었어요. 파마했는데 진짜 안 예뻐요. 안 예쁘죠?"

그러면 아이들은 혼란스러워 합니다. 뭐라고 대답하지? 이 질문의 요지가 뭐지? 안 예쁘다고 대답해야 하나? 그렇게 대답하면 안 될 것 같은데…….

이제 삼십여 개월 된 아이들이 이렇습니다. 아이들은 본능적으로 사랑받고 싶어 합니다. 그러니 자신과 애착형성이 된 사람한테 사랑을 잃는 것은 곧 위험에 처하는 것입니다. 그러므로 아이는 애착형성의 관계에 있는 사람이 무엇을 원하는가에 따라 말합니다. 그럴 준비가 되어 있습니다.

아이가 거짓말을 한다면 어른이 그렇게 만든 것입니다. 위협하는 말, 추궁하는 말, 다그치는 말로 아이를 혼란스럽게 하지 마세요. 엄한 아빠일수록 아이를 혼란에 빠뜨리며 정직하지 못하게 만듭니다.

많은 아빠들은 생각과 현실 속에서 혼란을 겪고 있습니다. '애들이 거짓말하겠어?'라는 생각. 그러면서 막상 아이가 거짓말을 하는 현실에 맞닥뜨리면 엄마보다 더 놀라고 감정 제어를 하지 못합니다. 애가 벌써 거짓말을? 아빠가 놀란 현실은 발달단계를 제대로 이해 못했을 때 더 심각해집니다.

이 시기 아이들에게 '거짓말을 한다'고 언급하는 것은 옳지 않은 표현입니다. 사전적 의미의 거짓말은 아이에게 애매합니다. 굳이 아이의 거짓말을 이해하자면 아이의 거짓말은 '말을 지어내는 것'입니다. 이미 엄마들은 압니다. 아이와 이런저런 사연을 겪으며 키우다 보면 내 아이게만 애가 깜찍하게도 말을 잘 지어낸다는 것을.

그러나 이제 양육에 참여한 아빠들이 이 사실을 깨닫기까지는 시간이 좀 필요할 것 같습니다. 아빠들은 여전히 '애들은 거짓말을 안 한다'는 것을 진실로 여기고 싶으니까요.

아이도 거짓말을 한다는 것을 알려 주려는 것이 목적이 아닙니다. 아이들은 자신이 불리할 때 이를 모면할 방법을 본능적으로 알고 있으며, 아이들은 상대방이 질문하는 의도대로 대답을 하는 특성을 가지고 있다는 것입니다. 아이들은 감정이입의 대가들입니다. 그래서 순간적으로 어떤 상황에 몰입을 할 수 있는 능력이 있습니다. 어른이 묻는 방식에 따라서도 대답이 다르게 나옵니다. 엄한 아빠를 둔 아이는 눈치도 발달

하지만 아빠한테 꾸중을 듣지 않을 생각에 순간 이야기는 더 잘 꾸며 냅니다. 그래서 아이를 대할 때는 결론을 내어놓고 대하면 안 됩니다.

민지도 그랬습니다. 아빠의 질문에 민지는 깜짝 놀랐습니다. 큰일 난 겁니다. 유치원에서 가져온 레고 블록을 보니 아차, 자신의 것이 아닙니다. 추궁하는 아빠를 보니 겁이 덜컥 납니다. 이때 아이는 위기를 모면할 생각에 말을 꾸며 냅니다.

"그거 선생님이 줬어. 진짜예요."

'진짜'라는 말을 덧붙이기도 합니다. 아빠가 듣기에 미심쩍은 말, 아빠는 그걸 거짓말이라고 생각하며 더 화가 납니다.

만약 이렇게 물었더라면 상황은 달라집니다.

"민지야, 이 인형이 민지 가방에 들어 있네. 어떻게 된 거지?"

이럴 때 아빠의 기본 마인드는 '애가 어려서 아직 남의 것과 자신의 것을 구분 못한다.'는 발달이론을 토대로 열려 있는 마음으로 질문을 해야 합니다.

'큰일이야. 남의 물건을 훔쳐 왔네. 애가 도대체 왜 이래? 어린 게 벌써부터.' 하는 마음을 가진 아빠의 질문이라면 아이는 순식간에 말을 지어냅니다. 그리고 추궁이 계속되면 아이는 거짓말을 합니다. 아이 맘 속에서 이미 꾸중 듣지 않아야겠다는 방어기제가 작동했기 때문입니다. 아빠의 질문에 따라 아이는 말을 지어내기도 하고 정직을 배우게도 됩니다.

그러면 아이는 거짓말을 안 하느냐는 질문을 종종 받습니다. 아이도 거짓말을 합니다. 단, 어른의 거짓말과 차별화된 거짓말이므로 어른의 잣대로 판단하지 말자는 얘기입니다. 어른의 거짓말은 의도가 있습니다. 어른은 '참말'과 '거짓말'의 차이를 명확히 알고도 거짓말을 합니다. 어른의 거짓말은 남을 해롭게 하고 자신을 이롭게 하는 거짓말일 수 있지만 아이들은 자신만을 생각한 거짓말입니다. 남에게 피해를 주려는 의도가 없습니다.

어른은 자신이 공격할 수도 있고 방어를 할 수도 있는 신체적 구조와 성숙을 갖춘 채 거짓말을 하지만, 아이는 자신을 보호할 능력도 없이 어른으로부터 추궁을 받기 때문에 본능적인 자기보호작용으로 거짓말을 지어내는 것입니다. 생존을 위한 것이지, 이익을 위한 것이 아닙니다. 유아기 아이가 '지어낸 말'을 '거짓말'로 규정할 수 없는 이유가 바로 여기에 있습니다. 아울러 아이를 거짓말쟁이로 몰아가는 것은 어른입니다. 그릇된 어른의 추궁과 위협적인 말투와 표정입니다.

아이의 발달 특성 단계에 따라 '내 것'과 '남의 것'을 구분해 갈 수 있도록 좀 더 차분하게, 그리고 친절하게 알려 주세요. 이 작은 아이들은 지금 하나하나 알아 가는 시기에 있습니다.

칭찬은 여럿이 듣게, 훈육은 단둘이 작은 목소리로

민지 아빠의 경우 한 가지 더 드릴 말씀은 민지를 옆에 두고 선생님에게 민지가 잘못한 점을 들춰내고 있다는 점입니다. 이때 아이는 수치감을 느낍니다. 에릭슨(Erickson)의 발달 이론을 보면 이 시기는 '수치감과 죄책감, 주도성'이 형성되는 시기입니다. 민지가 잘못을 했더라도 그것을 민지 앞에서 낱낱이 해부하는 것은 아이에게 '아빠는 내 허물을 용서하고 이해하는 분이 아니라 그것을 들춰내는 분'이라는 불신을 줍니다.

아이에게 아빠는 믿을 수 있는 사람이어야 합니다. 무조건 감싸라는 것이 아닙니다. 방법을 달리하라는 얘기이지요. 민지가 듣지 않는 곳에서 전화 통화를 하는 것이 좋은 이유는 현재 상담 내용이 좋은 점에 대한 것이 아니기 때문입니다. 만약 즐겁고 좋은 일이라면 아이가 듣는 곳에서 하는 게 좋겠지요.

훈육의 상황에서는 당사자와 단둘이, 그리고 낮고 조용한 목소리로 하는 것이 좋습니다. 민지의 좋은 점을 얘기하는 것이 아니라면 민지와 전후 상황을 이야기 나누고, 그다음에 민지가 듣지 않는 상황에서 선생님과 상담을 하는 것이 좋습니다. 훈육도 존중이 함께할 때 그 효과가 높으며 아빠가 전하려는 메시지가 잘 전달될 수 있으니까요.

1. 아이 그대로를 인정하고 이해하라

아이가 거짓말하고 말을 꾸밀 때 지나치게 반응하지 말라. 어른의 잣대로 해석해서 과장하지도 말라. 아이에게는 아이 그대로를 인정하고 이해하려는 부모가 필요하다. 그릇된 행동을 감싸라는 것이 아니라 아이의 현재 발달 상황을 고려하라는 말이다. 단, 그것이 남에게 피해를 주거나 지속적으로 반복된다면 전문가의 도움이 필요하다. 아이가 유아교육기관에 다닌다면 1차 전문가는 아이의 담임선생님이다.

2. 발달단계를 이해하라

만 3세 이하 유아들은 아직 '내 것'과 '남의 것'을 구분하지 못하며 만 3~7세 아이는 욕구 통제능력이 부족해서 남의 것을 가져간다. 그러나 이런 일은 성장 과정에서 흔히 볼 수 있는 일이며, 충분한 설명만으로도 아이의 행동은 개선된다. 그러나 초등학교 고학년이 되어서도 2~3회 이상 남의 물건을 가져오는 행동을 한다거나 그것에 대해 잘못을 인정하지 않는 경우 전문가의 상담을 받는 것이 좋다.

3. 아이에게 신뢰를 줄 수 있는 말을 자주 하라

네가 내 딸(아들)이라서 참 행복해!

아빠는 널 믿어.

생각을 참 잘했구나. 어떻게 이런 생각을 했니?

넌 할 수 있어.

4. 아이에게 이런 말은 삼가하라

- 하지 말랬지?
- 혼난다!
- 그것 봐라! 그럴 줄 알았다!
- 네가 하는 일이 그렇지, 뭐!
- 누구 닮다서 그 모양이야?
- 도대체 너 때문에(못살아!)!

 아이의 사회성 아빠가 키운다

선생님,
애가 자꾸
거짓말을
하는데…….
그 연령대
아이들에겐
자연스런
현상이에요.

Part

03

아빠와 함께하는 특별하고도 멋진 경험

66

내일은 아빠참여수업 하는 날. 2주 전에 아빠의 참석 여부 편지를 가져오는 유아들의 표정은 의기양양합니다.

드디어 내일입니다. 세상에, 우리 아빠가 나랑 어린이집에 오신다니!

예상대로 아이들은 아빠수업에 대한 이야기로 아침 인사를 대신합니다.

민서 얘들아, 우리 아빠는 내일 오신대. 성민아, 너네 아빠 오셔?

성민 물론이지. 아빠가 무슨 일 있어도 오신대.

유아들의 사물함을 정리하던 선생님은 아빠의 성대모사를 하며 '무슨 일 있어도'를 강조하는 성민이의 말에 웃음이 났습니다.

민서 근데 우리 아빠는 내 반 이름도 아신다! 한줄기 반으로 가면 되는 거야? 그러셨다! 히히, 나랑 같이 오면 다 알려줄 텐데, 그치?

민서는 아빠가 자신의 반 이름을 아는 게 신기했나 봅니다.

민서 근데~ 아빠들은 되게 신기해. 어린이집에 다니지도 않는데 어떻게 반 이름을 아시지?

성민 진짜 이상하다. 혹시 옛날에 너네 아빠 여기(어린이집) 다니신 거 아냐? 우리 아빠도 아마 아실걸. 아이, 몰라도 돼. 내가 가르쳐 주면 되니까. 어차피 나랑 같이 오는데 뭘.

그러나 성민이가 그날 저녁 수수께끼 내듯 자신의 반 이름을 아는지 아빠한테 물어보았다는 걸 우리는 성민이 엄마의 전화로 알게 되었습니다.

99

01

아이의 행사에 적극 참여하라

 **진정으로 아이들이 좋아하는 것**

시월의 어느 멋진 날, 두 남자아이가 대화를 했습니다. 일곱 살답게 논리와 비논리 사이를 넘나들며 다양한 어휘가 총동원되는 특징을 보이는 대화였습니다.

아빠가 참여수업에 오는가에 대한 이야기로 시작되어 아빠가 반 이름을 아는 것을 자랑하는 듯한 대화로 이어졌습니다. 민서 아빠는 민서의 반 이름을 압니다. 성민이는 아빠가 자신의 반 이름을 아는지 모르는지 모릅니다. 그러다 몰라도 된다고 합니다. "어차피 나랑 같이 오는데 뭘."이라며 제법 담담히 대화를 마무리했지요. 그러나 성민이는 역시 샘 많은 일곱 살입니다. 집에 가서 아빠한테 자신의 반 이름을 아는

지 모르는지 물어보았으니까요.

'아빠참여수업'은 유치원이나 어린이집에서 일 년에 한 번 정도 진행되는 행사입니다. 아빠가 어린이집이나 유치원에 유아와 함께 등원하면서 이 활동은 시작되지요. 아빠와 함께 온다는 그 자체가 아이들에게 신나는 일입니다. 평소에 아빠는 직장으로, 자신은 어린이집으로 각자 다니는데, 아빠가 자신이 다니는 어린이집에 온다는 것은 아이의 입장에서 대단히 신기한 일이지요. 그리고 선생님 이야기를 들으니 아빠와 손잡고 오는 것만이 아니라 아빠와 함께 게임도 하고, 만들기도 하고, 체육활동도 하고, 요리도 하고, 간식도 먹는다고 합니다. 집에 갈 때는 아빠와 함께 만든 작품도 가져가고 하루 종일 아빠는 나랑 놀아 주는 겁니다. 그것도 애들이 노는 어린이집에서 어른인 아빠가 함께.

 ## 아이의 눈높이, 아이의 생각높이

어느 일요일, 아이가 가족과 마트에 갔다 선생님을 만났습니다. 선생님께 달려가 팔짝팔짝 뛰며 반가워합니다. 온 마트가 다 알아준 상봉 장면이었습니다.

월요일 아침, 아이가 유치원에 왔습니다. 평소 같으면 "선생님, 안녕하십니까?" 하며 인사를 했을 텐데 이미 와 있던 다른 아이들 다 들리게 큰소리로 말합니다.

 아이의 사회성 아빠가 키운다

"선생님, 저요. 저번에 마트에서 선생님 만났죠?"

어제라는 말이 안 떠오르는 아이는 시제가 어떻든 '저번에'라고 표현하며 선생님을 만난 사실을 여전히 기쁘게 소문냅니다. 그러면 옆에 있던 다른 아이들도 같이 신기해합니다.

"진짜 선생님 만났어?"

"어디서 만났어?"

왜 만났느냐고, 언제 만났느냐고 저마다 한마디씩 궁금증을 보이며 잔뜩 부러워합니다.

이것이 아이들입니다. 어른들이 보기에 별것 아닌 일이 유아기 아이들에겐 특별합니다. 우리 어른은 이것들을 때로 유치하다고 여기지요. 이런 유치한 발달단계를 이해하는 어른이 자녀를 잘 키울 수 있습니다.

'눈높이'라는 말이 있지요. 이 말에는 여러 가지 의미가 있습니다. 아이와 이야기할 때는 아이와 키높이를 맞추고 눈을 바라보는 것도 눈높이의 의미이지요. 또 우리 아빠들이 아이에게 말할 때 아이의 톤에 맞춰 말하는 것도 눈높이를 맞추고자 하는 것입니다. 아이에게 경어를 사용하는 것도 마찬가지일 것입니다. 이런 눈높이 교육은 이미 정착되어 아이에게 경어를 사용하며 존중해 주는 아빠들을 자주 볼 수 있습니다.

여기에 '생각의 높이'를 제안하고자 합니다. 물론 눈높이를 맞춘다는 의미에 이미 생각의 높이도 고려되어 있지만, 사실 진정한 생각의 높이를 맞추기란 쉽지 않은 일입니다. 생각의 높이란 아이 입장에서 생각한다는 의미입니다.

마트에서 선생님을 만난 아이는 시간이 더 흐른 어느 날, 문득 또 말할 겁니다.

"선생님, 옛~날에 저 만났지요?"

아이의 생각에 이 일은 두고두고 신기하고 기분 좋은 일입니다.

아이와의 특별한 경험

마트에서 우연히 잠시 선생님 만난 일을 이토록 특별한 경험으로 여기는 아이들에게 아빠와 함께한 하루는 어떤 의미일까요. 제가 경험한 많은 아이들을 돌이켜 보건대 이 일은 아이에게, 조금 과장한다면 두고두고 평생의 추억이 되는 경험입니다. 아이의 발달단계를 언급한 이유는 바로 그런 것입니다. 아이들은 자신에게 유리한 일들은 오래도록 잘 기억합니다.

유치원과 어린이집에 다닐 때 아빠와의 특별한 경험이 바로 아빠와 원 행사에 함께하는 일입니다. 아빠는 행사에 당연히 적극 참여하셔야 합니다. '아빠참여수업' 처럼 참여를 하는 수업에는 아이만큼 활동을 적극적으로 하는 것입니다. 예를 들면 아이와 교구를 가지고 논다면 교구의 활용방법에 대해 생각해 보고, "어떻게 하는 건지 아빠한테 알

 아이의 사회성 아빠가 키운다

려 줘."라고 아빠가 그것에 대해 관심을 가지고 있으며, 함께 즐겁게 활동을 할 준비가 되어 있음을 알려 주는 것이 좋습니다. 함께 미술활동을 하며 만들기를 한다면 아이가 주도적으로 하게 하면서 "진짜 재밌는데.", "정말 잘하는데!" 하며 격려의 말을 해 주세요. 아울러 "아빠도 같이 해 보자." 하며 그 활동에 호기심 가득한 면모를 보이면서 즐거운 참여자의 모습을 보여 주는 것입니다. 사소한 것처럼 보이는 이러한 상호작용을 통해 아이에게 돌아가는 교육적 가치는 매우 큽니다.

먼저 아이는 자신의 존재에 대해 소중하게 여깁니다. 자신의 활동에 관심을 보이는 아빠를 통해 자신이 가치 있는 무엇인가를 하고 있다는 느낌을 받게 되는 것입니다. 이것이 내 아이의 자존감, 자아존중감을 높여 주는 것입니다. 또한 아이는 즐거워하는 아빠의 모습을 보며 사랑받는 존재로서의 자신을 느낍니다. 적극적으로 활동에 임하는 아빠를 통해 아이는 활동의 주도성을 배우고 아빠에 대해 자랑스러워 합니다. 다른 가족과 공유하지 않는, 아빠와 나만의 시간을 통해 충만한 기쁨을 느낀 아이는 정서적으로 발달하고 나를 존중하며 나와 생각의 높이를 맞춰 주는 아빠의 태도에서 EQ(Emotional Quotient)는 물론, HQ(Human being Quotient)도 발달할 것입니다.

아빠의 진정한 관심을 보여 주는 몇 가지 방법

아빠참여수업에서 몇 가지 교육적 단서를 알아보았습니다. 잊지 말아야 할 것은 이런 시간은 아빠를 기다려 주지 않는다는 것입니다. 네 살에서 열 살까지, 좀 더 좁혀 말한다면 유아교육기관에 다니는 시기가 가장 정점일 것 같습니다. 이 시기를 아이에게 봉사하는 마음으로가 아니라 아빠 자신도 맘껏 즐겼으면 합니다. 이런 초대도 내 아이가 유치원이나 어린이집에 다니는 동안에 한정된 특별한 경험일 테니까요.

앞의 에피소드에 나온 것처럼, 아이들이 아빠가 내 반 이름을 아는 것에 대해 신기해하고 자랑스러워하는 것과 맞물려 아빠의 진정한 관심을 보여 주는 몇 가지를 살펴봅니다.

 아이의 사회성 아빠가 키운다

아이의 입학식에는 사정상 가지 못하더라도 입학 축하는 해 줄 수 있습니다. 저녁 일찍 퇴근해서 가족과 저녁식사를 함께하는 것입니다. 이때 관심은 아이의 입학에 관한 것이지요. 무슨 반이 되었는지 물어보고 반 이름을 불러 주며 축하한다고 해 주세요. 우리 지수는 멋지니까 선생님이 사랑하실 거라는 덕담과 친구들과도 잘 지낼 것이라는 이야기도 해 주세요. 아이는 말대로 자랍니다. 아빠의 따뜻한 덕담이 아이에게 잘 전달되어 아빠의 바람대로 아이가 성장할 것입니다.

아이가 초등학교에 입학하면 교과서를 받아온 날, 아이와 함께 교과서를 펼쳐 놓고 멋진 대화를 할 수 있습니다.

"이건 수학 익힘책이네. 아빠 때는 산수였는데."

"그래? 아빠도 이런 거 배웠어?" 하며 말하는 아이는 신기하기만 합니다. 아빠도 나 같은 시절이 있었고, 아빠도 학교에 다녔고, 아빠도 학교에서 공부를 했구나……. 아이의 생각높이에서는 마냥 신기하고 아빠와의 정서적 유대감이 생기는 일입니다. 이게 아이와 아빠의 진정한 대화이면서 관심이고 사랑입니다.

비위 맞추며 절절매는 것이 사랑이 아닙니다. 그건 제대로 아빠 노릇을 못할 때 생기는 잘못된 보상 심리인 것입니다.

"응. 아빠도 이런 거 공부했어. 모르는 것도 많았어. 그럴 때 아빠는 손을 번쩍 들고 선생님께 '질문 있습니다. 선생님.' 했단다."

이 짧은 얘기에서 아빠는 몇 가지의 자녀교육을 실천했습니다. 공부에 대한 이야기, 모를 수도 있으나 그것은 자연스러운 것이며, 모르는 것에 주눅 들 것 없다는 이야기, 모르는 것은 선생님께 질문을 하면 선생님이 도와주신다는 이야기, 그리고 올바른 질문법까지 아주 자연스럽게 이야기한 것입니다. 가르치지 않고 가르칠 수 있다면 아주 효과적인 교육입니다.

반 배정을 받은 날은 반 이름을 물어보고 "와, 우리 아들이 벌써 1학년 3반이 되었구나. 아빠도 더 멋져져야겠다. 아빠는 학부모야. 1학년 3반 이민성 아빠!" 하며 아이의 반과 아빠를 연결하며 아빠와 아이의 끈끈한 유대 관계를 확인시키는 것도 훌륭한 방법입니다.

열 살까지는 최선을 다해 키우라 했으니 좀 더 진도를 나가겠습니다. 학습 안내를 보거나 가정통신문을 보고 어느 날은 아빠가 준비물을 챙겨 주기 바랍니다. 이 과정에서 아이의 학습도 확인할 수 있고 학교생활 이야기도 듣게 되지요. 그러나 작은 일처럼 보이는 이 일들을 실천하는 것이 말처럼 쉽지 않을 수 있습니다. 쉽지 않은 일을 하기 때문에 더욱 가치 있는 것입니다.

신이 주신 자리, 아빠의 자리, 아무나 할 수 없는 일, 아빠 역할입니다. 우리 아이가 잘 자랄 수 있도록 해 주는 아빠의 역할이 잘 자란 자식을 둔 기쁨으로 아빠에게 돌아올 것입니다.

 아이의 사회성 아빠가 키운다

유치원이나 어린이집 행사에 적극 참여하는 아빠

1. 갈 때는 아이와 맘껏 즐길 생각으로 환한 표정, 즐거운 마음으로 가고, 아이에게
   그 마음을 표현하면 효과 만점이다.

2. 도착하면 아이의 담임선생님을 찾아 정중하게 인사하는 것을 잊지 말라. "제가 민
   서 아빠입니다"라며 아이의 이름을 넣어 인사를 하는 것이 좋다.

3. 아이의 연령에 맞게 아빠도 생각의 높이를 맞춰라. 만약 내 아이가 다섯 살이라
   면 아빠도 다섯 살 수준으로 맞추는 것이다. 예를 들어 활동을 할 때 질문을 받
   으면 아이들처럼 손을 번쩍 들고 큰소리로 대답한다든지, 아이와 함께 교구 활동
   을 할 때도 교구에 관심을 갖고 즐겁게 놀아 주는 것이다.

4. 아이가 다니는 유아교육기관의 통신문을 읽어 보라. 입학 오리엔테이션, 입학식,
   운동회, 아빠참여수업, 가족참여수업, 가족 산행, 재롱잔치 및 발표회, 졸업식 등
   기관에 따라 다양한 행사가 준비되어 있을 것이다. 모든 행사에 적극적으로 참여
   하라. 멋진 아빠가 되는 즐거운 방법이다.

5. 행사에 참석하면 밝고 적극적이고 행복한 표정으로 아이처럼 즐겨라. 적극적인
   아빠의 모습은 아이에게 자랑스런 아빠로 보여지며 내 아이 또한 적극적인 태도
   를 자연스럽게 배운다.

아이와 즐다 보면 화가 날 때가 한두 번이 아닙니다. 놀아 주려고 작정을 하고 놀아 주면 애가 완전 오버를 해요. 까불고 위험한 행동을 하고 어떤 때는 통제가 안 돼서 다음부터는 다신 안 놀아 주어야겠다는 생각을 합니다.

– 5세 아들을 둔 아빠

애가 걸핏하면 삐칩니다. 딸 비위 맞추다 노는 건지 마는 건지, 이건 완전히 살얼음판이에요. 애가 왜 그렇게 잘 삐치는 건지, 혹시 정서적으로 무슨 문제가 있는 건 아닌지 걱정이 되기도 합니다. 그런데 애 엄마는 자기랑 있을 때는 안 그런다고 제게 문제가 있다는 겁니다. 아예 안 놀아 주면 욕이라도 안 먹을 것 같습니다. 애랑 놀다 애랑 사이만 나빠지는 거예요. 그림 그릴 때도 제가 무심코 "그게 뭐냐? 줘 봐. 아빠가 칠해 줄게." 그랬더니 애가 엉엉 우는 거예요. 아빠가 그림 못 그렸다고 놀렸대나 그러면서요.

– 6세 딸을 둔 아빠

제가 배운 대로, 한 시간은 작정하고 놀아 주자 결심을 하고 놀아 주는데요. 이거 보통 어려운 일이 아닙니다. 씨름 한 번 하자고 하면 얼마나 거칠게 덤비는지 씨름하다 누군가는 다칠 것 같습니다. 규칙을 정하기도 하고 규칙을 지키지 않으면 놀이를 끝낸다고 약속도 하고 시작을 해도 이건 막무가내예요. 아예 말이 안 통하는 겁니다. 평소에도 애가 워낙 활동적이기도 하지만 저랑 놀면 어떤 때는 제가 무서워요. 애 다칠까 봐도 무섭고 어떤 때는 제가 화를 내며 '게임 끝' 하고 아예 놀이를 끝냅니다.

– 7세 아들을 둔 아빠

02

유아기 아들딸은 키우는 방법이 따로 있다

 ## 아들딸 구별 있는 유아기 육아법

아빠들의 이야기를 종합하면, 애랑 노는 게 쉽지 않다는 결론입니다. 안 놀아 주고 비난도 안 듣겠다는 생각을 하는 아빠의 마음도 이해가 됩니다. '애본 공 새본 공'이라고 실컷 놀아 줬더니 돌아오는 건 비난과 후회입니다. 아이와 놀아 주는 게 정말 쉽지 않습니다. 그러니 주말이나 일요일 아침 슬그머니 집을 탈출하는 아빠도 있는 것이겠지요.

멀리서 바라보면 귀엽고 예쁘지만 가까이에서 관심을 가지고 키우기란 쉽지 않은 것이 자녀 양육입니다. 엄마 혼자 아이를 키우는 시대는 지났다고 아우성치는 시대를 살자니 그 말도 일리가 있어 아빠가 양육에 참여를 하려고 무던히 애를 쓰지만, 일이십 분도 못 버티고 손을 들고 마는 것 또한 아이와 함께하는 시간입니다.

더구나 아들을 대할 때와 딸을 대할 때도 차이가 있습니다. 그러니 더욱 쉽지가 않습니다. 그러나 아빠는 아들딸 모두에게 영향을 미치는 분이니 포기할 수 없습니다.

'아버지가 아들에게 보여 주는 세계는 어머니가 보여 주는 세계와 전혀 다르다. 아버지는 집 밖 세상에 대한 창문이며 상징적 대변자로 자녀의 사회적, 심리적, 정의적 발달에 영향을 준다. 또한 아버지는 아이들의 상상력과 호기심이 자라고 현실감각이 발달하는 데 가장 중요한 자극의 원천이다.'

문용린 교수님은 심리학자 파크(R.D.Parke)의 말을 인용하면서 아버지의 중요성을 강조했고 또 다음과 같이 이야기합니다.

'아버지가 아이들이 잠든 사이 출근을 하고, 밤늦게 돌아와서 자녀와 함께하는 시간이 없어도 아버지라는 존재는 아이들에게 세상을 보는 창의 역할을 한다. 아버지의 말과 행동, 삶을 통해서 아이들은 세계를 이해하는 단서를 얻는다.'

그렇습니다. 아버지는 아들과 딸 모두에게 세상을 보여 주는 분입니다.

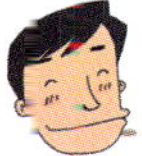

안심하라, 아빠의 아들은 정상이다

아버지 교실의 '아이와 놀이를'에 참석한 아빠들의 후기를 들어보면 아빠들은 걱정이 많습니다. 차라리 아이와 놀지 않았을 때는 몰랐던 아이의 여러 가지 면을 본 것인데 대부분 부정적이고 아이의 문제점에 관한 것이 토로됩니다.

아이와 활동 또는 놀이를 하면서 관찰한 내 아이는 '지나치다', '애가 왜 이 모양이지?', '혹시 우리 애도 ADHD 아냐?', '왜 이렇게 공격적이지?', '애가 이렇게 잘 삐치면 친구들과는 잘 놀까?', '지나치게 산만해.' 등입니다.

그러나 안심하세요. 결론부터 말씀드리면, 아빠의 아들과 딸은 지극히 정상이라는 것입니다. 아이들은 아빠와 노는 것이 너무도 즐거워 흥분한 것입니다. 너무 좋으니 도파민이 마구마구 분비된 것이지요. 아빠랑 노는 게 너무나 좋고 너무나 즐겁고 신나서입니다. 그 뿐입니다. 아주 정상입니다.

그리고 이 시기의 아들과 딸이 지닌 특징을 알면 아이가 왜 그렇게 지나칠 정도로 활동적이고 통제가 안 될 정도로 과격한지, 왜 그렇게 쉽게 삐치는지 이해할 수 있습니다. 이해를 한 아빠는 모든 현상을 자연스럽게 받아들이기 때문에 당황하지 않고 아이와 활동을 할 수 있습니다.

딸의 특징을 이해 못한 아빠가 "너, 왜 그렇게 잘 삐치냐? 이게 삐칠 일이야?"라고 아이를 다그치면 딸은 오히려 당황하고 자신을 왜곡되게 규정지을 수 있습니다. 아들의 특징, 연령별 발달 특징을 이해 못한 아빠가 "야, 그렇게 대들면 어떻게 해, 인마. 너 그렇게 위험하게 놀면 아

빠가 다신 안 놀아 준다."고 협박하면 아이는 멍해집니다. '내가 뭘 어쨌다고 아빠는 저러시는 거지?'

　유아기 딸과 아들의 특징을 잘 알면 더 효과적인 양육을 할 수 있습니다. 이 시기 자녀의 발달 특징을 모르면 아이를 키우기는커녕 아이를 기죽게 하고 아빠에 대한 부정적인 감정을 심어 줄 뿐입니다. 아빠 또한 아이에 대해 실망을 하거나 문제 아이로 취급하는 경우가 생겨 아이를 대할 때조차도 자칫하면 그 마음이 밖으로 표현될 때도 있습니다. 아이의 양육에 아빠가 동참하는 것의 중요성을 알게 된 아빠, 그래서 아이와 함께하는 시간을 가지려고 계획한 아빠, 아이와 제대로 한 번 함께하시겠어요?

감당하기 어려운 아들과 만만치 않은 딸

유아기와 초등 저학년의 우리 아들들은 호기심 천국에 살고 있습니다. 우리의 아들들은 신체적으로 통제할 수 없는 왕성한 성장기에 있습니다. 이 시기는 또한 '놀이를 통한 발달'의 시기입니다. 놀이가 교육이며 놀이가 신체 발달의 원동력입니다. 유치원과 어린이집에 가 보십시오. 온통 놀것들입니다. 동네 놀이터도 이들을 위해 만든 것입니다. 이 시기 아이들의 발달을 이해한 모든 어른들의 배려이지요.

이런 보편적 발달 특징에 남자아이라는 조건을 갖추었습니다. 가만히 있지 못합니다. 뛰고 구르고 쉼 없이 움직이려 합니다. 조금만 신나면 행동이 통제가 안 됩니다. 이 아이들이 '아들'입니다. 집중력이 여자아이에 비해 떨어집니다. 산만하다는 질책과 꾸중을 엄청 들으며 자랍니다.

유아교육기관에서 아이들을 관찰하면 남자유아들은 여자아이에 비해 몇 배 더 손길이 가고 힘들게 합니다. 이야기 나누기 시간에도 몇 분 앉아 있기 어려워하는 유아들이 남자아이입니다. 발표를 해도 여자아이들은 언어 표현도 잘 하건만, 남자아이들은 대체적으로 "어, 어, 그런데요."하며 불필요한 발어사 등을 반복하며 할 말을 간신히 이어 갑니다. 언어발달 면에서도 여아에 비해 대체적으로 늦습니다.

에피소드에 나온 일곱 살은 말해 무엇하겠습니까? 거칠고 과격하고 신체적인 몸놀림이 아빠도 감당하기 어려운 시기입니다. 어떤 아빠는 지나치게 기를 쓰고 대드는 아들과 씨름놀이하다 화가 나서 진짜로 아들을 밀쳐 버렸다네요. 아빠도 남자 특유의 승부욕이 발동된 것이지요. 아빠와 아들의 대결은 이렇게 본능적입니다. 모험 가득, 무모한 도전 정신 가득한 이 시기 아들을 아빠가 이해하지 않으면 누가 이해하겠어요. 아빠들도 이 시기 다 거쳤으니 이해해야 하는데, 내 아이한테 이래심이 발휘되기란 쉽지는 않나 봅니다.

딸은 요약하면 감수성이 예민합니다. 엄마한테는 섬세한 감정을 표시내지 않던 아이도 아빠한테는 곧잘 삐치는 경향이 있습니다. 이성인 아빠에 대해 긍정적 기대를 많이 하는 여아일수록 더 그렇습니다. 아빠가 자신을 얼마나 예뻐하는지 알기에 응석도 부리는 것입니다. 딸은 따뜻한 눈빛과 언어적 격려로 자랍니다. 이 시기 여아들은 남아에 비해 언어 표현력이 우수하고, 학습 능력도 높습니다. 잘 배우고 잘 표현하지요. 딸에게는 동성인 엄마의 섬세한 감수성도 필요하지만, 선이 굵은 아빠의 관심이 더 필요합니다. 사회생활을 원만하게 하는 대인관계지능이 아빠와의 교류를 통해 발달하기도 합니다.

감수성이 뛰어나고 언어적 표현을 좋아하는 딸한테 맞추기란 아빠로서 쉬운 일이 아닙니다. 아빠 또한 말로 하는 표현이 서툰 남자이기 때문입니다. 그러나 미리 어려운 일이라고 생각하지는 마세요. 딸의 재잘거림에 추임새만 넣어도 괜찮습니다. "그랬어?", "그래?", "그렇구나.", "잘했는데.", "와, 잘했다." 정도의 반응도 괜찮습니다. 지나치게 딸의 비위를 맞추고 딸에게 굴종하는 듯한 아빠보다는 오히려 짧지만 따뜻한 관심을 보이는 아빠의 멘트에 우리 딸들이 더 많은 사랑을 느낄지도 모릅니다.

　아이의 사회성 아빠가 키운다

딸에게 필요한 건 아빠의 수다가 아닙니다. 아빠의 관심입니다. 딸에게 필요한 건 사사건건 딸의 비위를 맞추려는 무절제한 아빠의 사랑이 아닙니다. 낮은 톤의 목소리로 아빠만이 할 수 있는 절제의 표현과 신뢰 있는 눈빛으로 아빠의 사랑을 전하세요.

분명한 건 아들은 아빠를 닮는다는 것입니다. 아빠는 동성으로서의 롤모델입니다. 모방하면서 배우는 내 아들에게 어떤 아빠로 비쳐지길 원하나요. 아니, 우리 아들이 어떤 남성이 되기를 원합니까? 아빠가 보여 주는 현재의 아빠 모습이 미래의 우리 아들 모습입니다. 내 아들에게 아빠는 정의롭고 당당하며 강하면서도 포용심 많은 인간의 전형이어야 합니다.

딸에게 생애 최초의 이성인 아빠. 이 시기 우리의 딸에게는 아빠가 이 세상의 모든 남자입니다. 우리 딸이 훗날 어떤 남성을 만나기를 바라는지요? 아빠가 우리 딸이 만났으면 하는 남성의 역할 모델이 되어 주세요. 딸에게 남성에 대한 긍정적인 마음이 들도록 해야 합니다. 이 세상 사람은 여자와 남자입니다. 우리 딸이 사는 세상은 당연히 절반이 남성인 세상입니다. 남성과 동등하게 선의의 경쟁을 하고 그 남성 가운데 사랑하는 연인을 만나서 세상을 행복하게 살아가게 하려면 남성에 대해 긍정적인 마음을 가져야 합니다. 딸에게는 아빠가 이 세상 남자의 롤모델입니다.

세상을 적대시하는 사람이 세상을 편안하게 살아갈 수 없듯 남성에 대해 부정적인 마음을 갖는다면 인류 절반에 대해 적대감을 갖는 것입니다. 나의 소중한 딸에게 아빠는 어른으로서 모범을 보이며, 남자로서 멋있고 아빠로서 책임감 있는 따뜻한 사람으로 비춰져야 합니다.

 ## 딸과 아들 모두에게 아빠는

태어나 최초로 알게 된 세상이 엄마라면 또 다른 세상을 경험하는 것이 아빠와의 만남입니다. 부드럽고 따뜻한 엄마의 세계와 넓고 때로 거칠고 투박한 아빠의 세상이 우리의 아들과 딸에게 필요합니다.

딸의 특징과 아들의 특징을 알고 그에 맞게 키우는 것이 현명한 아빠의 육아법입니다. 아울러 아빠답게 키우는 양육이 절실한 시대입니다. 딸과 아들의 특징이 있다면 엄마와 아빠의 장점을 살려 아이를 키워야 아이가 균형 있게 자랍니다. 현명한 아빠는 아이 양육에 부부 공동으로 참여하지만 아빠가 엄마의 역할을 하는 것이 아님을 압니다. 아이에게 관심을 보이되, 아빠 특유의 절제와 단호함을 잃지 않아야 합니다.

엄마가 감정적으로 아이에게 끌려가는 일이 종종 있다면 아빠는 감정에 휘말리지 않고 좀 더 큰 그림을 그리며 객관적, 이성적으로 자녀를 대할 수 있어야 합니다. 친절한 아빠, 따뜻한 아빠이면서도 남성이 가진 도전 정신과 강인함을 보여 주는 아빠이길 바랍니다.

우리의 아들딸에게는 지금, 유약하고 부드럽기만 한 아빠, 자녀에게 끌려다니는 아빠가 필요한 것이 아닙니다. 다양성을 인정하고 변화를

 아이의 사회성 아빠가 키운다

두려워하지 않아야 할 이 시대, 진정한 아빠의 양육은 아빠의 남성성을 찾는 육아여야 합니다.

엄마의 역할을 대신하는 아빠가 아니라 아빠의 역할을 하는 양육이 성공적인 아이 키우기의 관건일 것입니다. 아들과 딸이 다르듯 엄마와 아빠도 분명 다르니까요. 확신하건대 바람직한 아빠의 역할이 우리의 아들딸을 균형 있게 잘 자라도록 할 것입니다.

아들과 딸을 키우는 노하우

아들과는 이렇게!

1. 아들과의 대화는 돌려 말하기 보다 직접화법이 좋을 때가 있다.

2. 신체적으로 많이 움직이는 놀이를 통해 외향적인 욕구를 발산하고 경쟁과 도전을 배우게 하라.

3. 사랑의 표현으로 스킨십을 하라!

4. 훈육은 구체적이나 짧게, 그리고 단호한 표현을 써라!

딸과는 이렇게!

1. 인형놀이를 좋아하는 딸과 양성적인 놀이인 블록놀이나 조립놀이, 간단한 신체활동을 시도해 보자.

2. 인형놀이, 역할놀이, 그림그리기 등을 통해 대화를 하되 지나치게 꼬치꼬치 묻지는 마라!

3. 사랑의 표현은 언어적으로 접근하라.

4. 훈육 시에는 혼난다는 느낌이 들지 않게 문제를 제기하고 스스로 생각하게 하라!

어느 늦가을 밤, 택시를 탔습니다. 라디오에서는 청취자의 사연을 전해 주고 있었습니다. 서두는 어찌 진행됐는지 모르지만 진행자가 허스키 보이스로 읽어 간 짧은 이야기에 저도 모르게 웃음이 터져 나왔습니다.

"……밖에 나가 공놀이하라고 아들 녀석에게 말했습니다. 아들 녀석 하는 말, 아빠! 공 맞으면 얼마나 아픈지 아세요?"

라디오 진행자도 웃었고, 듣는 저도 웃었고, 택시 운전을 하던 기사님도 웃었습니다. 아마도 집에서 컴퓨터에 몰두하고 있는 아들에게 아빠가 한마디 권유했다가 기막히게 당한 이야기 같습니다. 요즘 애들 말솜씨를 어찌 당하겠어요? 갑자기 그들 부자의 표정이 떠올라 나는 다시 웃기 시작했습니다.

"아빠! 공 맞으면 얼마나 아픈지 아세요?"

사연에 소개된 아들의 그 말이 다시 실감 나는 건 여러 가지 이유에서였습니다.

온몸으로
놀아 주는 아빠가
멋진 아빠

유아기에 아빠와 함께 논다는 것의 의미

공 맞으면 당연 아프죠. 피구 시합을 할 때 두려워서 어쩔 줄 모르던 저이고 보니 '공' 얘기에는 진저리를 치는데, 초등학생 남자아이도 공을 무서워하는군요.

만약 제게 기회가 온다면, "밖에 나가 공놀이 하라."는 일방적 명령 대신 아빠가 함께 놀아 주라고 말하고 싶었습니다. 이렇게 설득해 보겠어요?

"선우야, 아빠랑 공놀이하러 밖에 나갈래?"

여기서 잠깐 유아들이 선정한 '아빠와 하고 싶은 것들'을 살펴볼까요? (왼쪽 그림)

‘잠만 자지 말고 나랑 놀아 주기’라고 쓴 일곱 살 아이의 정성 어린 글시가 보이는지요? 트램펄린(퐁퐁)은 재있고 키 크니까 함께 타자네요. 아빠가 업어 주는 것은 그냥 좋답니다. 이 말 듣고는 안 업어 줄 수 없겠습니다. 블록(레고) 만드는 것도 같이 하고 싶대요. 아빠가 잘 만든다고 생각하는군요. 운동을 같이 하재요. ‘아빠가 멋있고 다이어트 되니까’요. 목가도 태워 달라는군요. 아빠보다 키 커지고 아래를 볼 수 있다는 논리적인 이유까지 들면서요. 목마를 안 태워 줄 수 없겠습니다. 함께 산책도 하자는군요. 사진 찍고 도시락 먹자는 유혹도 합니다. 축구도 하재요 축구선수 연습 되니까요. 좋겠어요. 아이의 축구 코치가 될 기회가 왔네요. 아빠, 부디 이 기회 놓치지 말기를 바랍니다.

아빠, 아이가 어릴 때 많이 놀아 주세요. 온몸으로 놀아 주세요. 많은 연구 결과는 아빠가 아이와 놀아 주는 것의 중요성을 더욱 부각시키고 있습니다.

유아기에 아빠와 시간을 많이 보낸 아이가 그렇지 못한 아이에 비해 학교 성적이 우수했고, 성장 후에도 범죄자가 될 확률과 가능성이 눈에 띄게 적었답니다. 자녀와 아빠가 놀이시간을 많이 가질수록 아이의 사회적 능력과 감성지능이 높다는 우리나라의 연구 결과도 있지요. 아이와 온몸으로 놀아 주세요. 놀아 달라고 할 때 놀아 주세요. 놀이를 통해 배우고 놀이를 통해 자라는 것이 유아기 교육의 핵심입니다. 아빠가 아이와 온몸으로 놀아 주는 것은 아이를 교육하는 것이고 건강하게 자

   아이의 사회성 아빠가 키운다

라도록 하는 것입니다. 몸과 마음 모든 면에서 아이가 잘 자라도록 하는 아주 중요한 일이 놀이이지요.

아빠만이 잘할 수 있는 것, 바로 '아이와 온몸으로 놀아 주기'입니다. 온몸으로 실컷 놀게 하면 심지어 자위행위를 하는 아이의 증상도 호전됩니다. 아이에게 놀이는 그렇게 중요한 것입니다. 그런데 놀이의 중심에 아빠가 있다면 그 즐거움의 크기는 더 커집니다.

 아이의 성장 과정을 온몸으로 느끼는 일, 놀이

우리의 소중한 아들과 딸이 건강하게 자라기를 바라는 아빠, 온몸으로 아이가 세상을 느끼게 해 주세요. 아빠와 자연스런 스킨십을 하며 아이가 얼마나 행복해하는지 놀면서 그 사랑을 느껴 보세요. 아이의 팔뚝과 종아리가 얼마나 단단한지도 느껴 보세요. 아이와 팔씨름도 해 보세요. 아이의 가느다란 팔에 어느새 힘이 생기고 알통이 생기는 과정도 지켜봐 주세요. 재빠른 발놀림으로 공을 따라가며 까르르 깔깔깔 웃는 내 아이 아빠와 놀며 세상을 향해 맘껏 웃는 아이의 웃음소리를 들어보세요. 까르르 깔깔깔 웃을 때 내 아이의 선연한 목젖도 꼭 보시기 바랍니다. 흠뻑 젖은 머리카락이 아이의 보오얀 이마에 흘러내린 것을 쓸어 올려 주며 아이의 이마에 살짝 붉어지는 그 고운 핏줄도 눈여겨보세요.

"아이랑 놀아 주는 것 말고 애가 어릴 때 해 줄 일이 따로 없어요."

"큰애를 키워 보니 둘째 애한테 요령이 생겼는데요. 무조건 놀아 주는 겁니다. 이게 이중삼중의 효과가 있어요. 애랑 논다고 일요일 날 애 데리고 나가면 와이프가 더 좋아합니다. 그뿐입니까. 일요일에는 집안일 좀 거들어 달라는 잔소리 듣지 않아도 되고 오전에 애랑 놀아 주면 오후에 푹 쉴 수 있습니다. 애한테 최고의 아빠, 아내한테는 괜찮은 남편으로 점수 따기 좋습니다. 한번 해 보세요."

'아버지 교실 특강'에서 아이와 놀아 주는 것에 대한 경험들을 발표한 아빠들의 사례를 정리한 것입니다. 어느 아빠는 아이와 노는 것에 대한 중요성을 제 강의에서 듣고 실천을 하고 있는데, 어느 날 아이와 놀다 벤치에 앉아 조금 쉬면서 여전히 신나게 놀고 있는 아이를 바라보는데 기도가 저절로 나왔다고 했습니다. 독실한 크리스천이라고 한 그 아빠는 떨리는 음성으로 이렇게 그 기도를 우리에게 들려주었지요.

"내 아이입니다. 이제 세상에 나온 지 몇 십 개월밖에 안 된 여리고 고운 내 아이입니다. 이 아이를 내게 보내 주셔서 고맙습니다."

동감입니다. 그리고 러스킨의 이런 글귀가 떠올랐습니다.

'모든 완전한 가능성을 지닌 티 없는 아이들이 계속 태어나지 않았다면, 이 세상은 얼마나 가공스러운 것일까.'

모든 완전한 가능성을 가진 맑고 티 없는 아이들이 아빠와 놀며 세상을 배우고 행복해합니다. 아빠는 지금 세상에 큰 공헌을 하고 계시는 것입니다.

 아이의 사회성 아빠가 키운다

다음은 유아기에 아이와 함께하면 좋은 놀이 몇 가지입니다.

1) 아빠의 팔에 매달리게 하기 : 아빠의 팔에 매달리게 하기를 통해 아빠의 단단한 근육을 느끼게 하세요. 아빠의 강인함, 아빠의 든든함을 느끼게 합니다. 아빠는 큰사람입니다.

2) 아빠와 공놀이하기 : 공놀이는 아이들이 정말 좋아하는 활동입니다.

3) 아빠와 학교 운동장 트랙 따라 달리기 : 아이들은 어른들과 달리 단순한 게임에 열광합니다. 아이와 달리기 시합을 한번 해 보세요.

4) 아이와 수영장 가기 : 아이와 아빠와의 목욕이 주는 기쁨과 교육적 효과를 언급했습니다만, 안타깝게도 이것은 여자아이에게는 한시적입니다. 하지만 대안으로 수영장 가기가 있군요. 아이와 수영장에 가서 신나게 놀아 주세요.

5) 아빠 몸은 놀이터 : 말 그대로 아빠의 온몸으로 놀아 주는 것입니다. 그런데 이 놀이를 할 때 아이는 지나치게 흥분을 할 수 있으므로 미리 주의해야 할 점을 이야기 나누어야 합니다. 아이들과 논다는 것은 그렇게 쉬운 일이 아닙니다. 아이를 위해 놀아 주는 것임을 명심해야 하지만, 또한 잊지 않을 점은 진정으로 놀아 주는 마음입니다.

6) 조립하기 : 조립은 특히 남자아이들이 좋아하는 놀이이며, 대체적으로 엄마보다는 아빠가 능력을 보여 줄 수 있는 늘이이므로 아빠의 능력을 맘껏 자랑하세요. 여자아이들도 아빠와의 조립이라면 문제없습니다. 유아기에는 양성의 놀이를 모두 경험해 주는 것이 좋습니다.

7) **산책하기** : 계절의 변화를 느끼며 천천히 걸으며 주위를 관찰하기에 참 좋은 프로그램입니다. 산책하며 나누는 대화는 언어발달은 물론, 표현력 신장에 최고입니다. 산책을 하며 나누는 아빠와 아이의 대화는 한 폭의 그림입니다. 특히 딸아이라면 아빠와의 행복한 산책이 주는 언어 표현에 귀 기울여 주세요. 손을 꼭 잡고 가는 것도 잊지 마시고요. 아이가 신기해하는 모든 것에 아빠가 더 많은 호기심을 보인다면 금상첨화입니다.

 아이의 사회성 아빠가 키운다

아이는 기다려 주지 않는다

아이는 금방 자랍니다. 아이와 온몸으로 놀아 주며 이 소중한 성장 과정을 놓치지 마세요. 세상에 나온 이 여린 아이가 세상이 건강하고 아름답다고 느낄 수 있는 최초의 경험이 아빠와의 놀이를 통해서이며, 경쟁도 즐겁다는 것을 느끼는 것도 아빠와의 놀이를 통해서입니다.

온몸으로 놀아 주는 아빠. 내 아이 평생에 아빠가 해 줄 수 있는 가장 중요한 역할을 하고 있습니다. 엄마에게는 역부족인, 아빠만이 할 수 있는 특별한 일을 하고 있습니다. 당신은 아이의 모든 가능성을 더 많이 열어 주고 있습니다. 당신의 아이가 당신을 너무너무 사랑하고 있는 것, 아이와의 놀이로 느껴 보세요.

아이와 놀 때도 전략이 필요하다

- 놀이시간을 좇하라. 긴 시간이 아니어도 좋다. 30분~1시간 정도의 시간을 충분히 활용하라.
- 아이와 집중하서 놀아 주어라.
- 놀이의 종류와 진행방식을 아이가 정하게 하라. 이때 놀이의 규칙을 정하고 만약 규칙을 지키지 않을 경우 놀이가 중단될 수 있음을 말하라.
- 아이가 실패와 성공을 골고루 경험하도록 때로 아빠가 저 주기도 하라.
- 놀이를 마친 후 아빠도 즐거웠음을 아이가 흡족하도록 표현해 주어라.

※ 위의 과정은 아이에게 놀이를 통한 신체적 발달은 물론, 계획성과 사회성 발달을 도와준다. 또 아빠가 자신과 진심으로 놀아 준 것에 대한 자기존중감을 갖게 하여 정서 발달을 도와 전인적 성장에 큰 도움을 준다.

선물을 사기 위해 속옷 매장에 갔습니다. 선물을 할 거라 고르고 만지며 시간을 지체하고 있었지요.

"우리 딸한테 맞는 속옷을 추천해 주세요."

목소리 나는 쪽으로 돌아보니 아빠와 딸이 함께 왔습니다. 열두어 살쯤 되어 보이는 딸은 조금은 쑥스러운 듯합니다.

"딸에게 맞을 만한 걸로 젤 예쁜 걸로 보여 주세요."

참 멋있는 아빠가 아닌지요. 아이도 참으로 행복하겠다는 생각에 제 마음도 훈훈해졌습니다.

"죄송해요, 손님. 저희 매장에는 따님한테 맞는 속옷이 없어서요. 학생이 입을 건요."

매니저는 자세히 안내를 합니다. 이때 들리는 예쁘고 상냥한 딸의 목소리!

"아빠, 이거 엄마가 좋아하실 것 같아요. 아빠 제 거 말고 엄마 거 사 주시면 안 돼요?"

부녀는 레이스 풍성하고 자수가 놓인 예쁜 속옷 한 벌을 사서 매장을 나섭니다.

아빠가 해 주는 초경 파티

멋진 아빠, 상냥한 딸

이 글을 쓰면서도 저는 다시 가슴이 뭉클합니다. 결혼식장에서도 너무도 아름답고 행복한 모습을 보면 어김없이 눈물이 나는 저이고 보니 그때의 장면을 떠올리자마자 정말 마음이 따뜻해지고 행복해져서 눈시울이 뜨거워집니다.

그 딸아이는 목소리도 어쩜 그리 상냥하고 예쁘던지요. 아빠를 향한 목소리가 참 곱고 따뜻했습니다. 딸아이를 데리고 속옷을 사 주기 위해 여성용 속옷 가게에 온 아빠도 근사했는데 아빠를 향한 그 아이의 눈빛이며 목소리가 공경과 상냥함이 가득해서 더욱 더 감동이었지요.

'참 잘 키웠구나!' 그러면서 저는 또 행복했습니다. 이런 아이들을 보는 것만으로 세상이 환해지고 마음 뿌듯합니다. 어느 공익광고에서처럼 밖에서는 친절하지만 가족에게는 참으로 데면데면하게 굴고 퉁명스러운 경우가 많은데 딸아이에게 그런 상냥한 목소리를 듣는 아빠는 정말 행복한 아빠입니다.

 ## 평생 잊지 못할 아빠의 사랑

이 이야기를 통해 얼마 전 들었던 '아빠가 해 주는 초경 파티'가 떠올랐습니다.

제가 아주 많이 존경하는 작가분이 있습니다. 언젠가 그분으로부터 당신이 해 준 '딸의 초경 파티' 이야기를 듣고 감동한 적이 있었지요. 사실 이 글을 쓰는 저도 아빠가 딸의 월경을 축하하는 일이 쉽지 않음을 알기에 그분의 이야기는 더욱 놀라웠지요.

지금의 이야기라도 "그렇구나!"하며 감동할 텐데, 이미 그 분은 오래전에 당신 딸에게 그런 멋진 아빠 역할을 했다니! 작가로서의 존경은 물론, 부모교육을 하는 제게 또 다른 면에서 귀감이 되었습니다.

그분은 앞의 이야기처럼 초경을 맞은 딸에게 예쁜 속옷을 사 주었고, 어른이 가는 멋진 카페에 함께 가서 '네가 가장 먹고 싶었던 차를 고르라.' 했고, 그리고 '맘에 드는 걸로, 제일 좋아하는 걸로, 최고 좋은 케이크를 고르라.' 했답니다. 세상에서 제일 괜찮고 좋은 케이크를 사

 아이의 사회성 아빠가 키운다

주고 싶었다는 것이지요. 케이크라는 것이 다 그렇지, 세상에서 제일 좋은 게 있겠습니까마는 그렇게 얘기한 마음을 알기에 저는 더 감동했습니다. 초경을 맞은 딸이 얼마나 대견하고 사랑스러우면 그랬을까요.

그 시절 초등학교 6학년 딸에게 어른들이 가는 카페는 그 자체가 동경의 장소였을 텐데요. 든든한 후원자인 아빠의 손을 잡고 당당히 들어가 차를 주문하는 딸의 뒷모습. 그리고 저만큼이나 예쁜 케이크를 고르는 딸아이의 상기된 듯한 옆모습을 상상해보세요.

그 딸이 평생 그때의 기억을 잊을까요?

저는 아빠교육을 하는 자리에서 이 이야기를 제 자랑인 듯 하는데, 당사자인 그 딸은 아빠가 해 준 초경 파티를 어떻게 평생 기억하지 않을 수 있을까요. 그 딸에게 평생 아빠의 존재는 사랑하는 아빠, 존경하는 아빠겠지요.

 초경, 가능성이 열리는 아름다운 변화

아름다운 것을 보면 우리는 감탄을 합니다. 예쁘고 사랑스러운 것을 보며 우리는 행복해합니다. 초경이 그런 것입니다. 여자아이로 태어나 통과의례처럼 치러야 하는 그 무엇이기도 하지만 비밀스러우면서도 모든 가능성이 열리는 몸의 아름다운 변화입니다.

그러나 그 아름다운 몸의 변화가 두렵기도 합니다. 매달 겪어야 하는 부담스럽고 귀찮은 무언가도 될 수 있습니다. 그래서 그 변화를 축하해 주는 일은 자신의 몸을 사랑하게 하는 의식의 의미를 주기도 합니다.

딸아이의 초경을 그런 아름다운 몸의 변화로 여길 수 있게 할 수 있는 분이 아빠입니다. 요즘은 여러 방면에서 자연스런 교육이 이루어진 덕분인지 초경에 당황하지는 않습니다만, 여전히 초경은 신체적인 변화에 대한 두려움과 정신적으로도 커다란 혼란의 경험일 수 있습니다.

제 초경의 경험은 당황과 부끄러움이었습니다. 아무에게도 말할 수 없었던 그때의 기억. 유난히 수줍음이 많았던 저는 엄마한테도 그 사실을 말할 수 없었지요. 초경이 시작되던 그 시간을 기억합니다. 눈이 올 것 같았던 겨울의 저녁 무렵이었지요. 얼마나 심하게 배가 아팠던지……. 따뜻한 아랫목에 배를 대고 눈을 꼭 감고 있는 가여운 여자아이, 제가 보입니다. 그리고 뭔지 모르지만 두려워했던 기억이 납니다.

얼마 지나지 않아 엄마가 알아차리고 방으로 들어와 제 배를 가만히 만져 주었습니다. 엄마의 따뜻한 손으로 전해지던 위로에 저는 참았던 울음을 왈칵 터뜨렸습니다.

"진작 말하지. 엄마한테 말 못할 게 어딨어."

그 말에 서러움이 더 밀려왔습니다. 그러나 저는 알고 있었습니다. 아버지가 더 먼저 알아차렸다는 것을요. 엄마를 향해 말하는 아버지의 조심스런 목소리.

"영주한테 가 봐요."

그 저녁 무렵, 아버지는 방을 덥히느라 아궁이에 왕겨를 골고루 뿌려가며 풍구를 돌리고 있었고, 엄마는 아버지의 주변을 분주히 오가며 가족의 저녁식사를 준비하고 있었습니다. 이 다정했던 부부는 부엌이라는 한 공간에서 그렇게 겨울의 저녁을 맞이하고 있었기에 딸의 비밀을 서로 조심스레 나눌 수 있었던 것이었지요.

아버지는 어떻게 알았을까요? 겨울철이면 유난히 손이 꽁꽁 얼었던 막내딸을 위해 학교까지 가방을 들어 주었던 자식 사랑이 깊었던 아버지였기에 저의 신체적 변화를 먼저 알아차렸던 것 같습니다. 등굣길을 오가며 나누었던 아버지와의 이야기들이 그 무렵의 저를 키웠다고 생각합니다. 엄했고 두려운 존재였지만 아버지는 자식에 대한 진정한 사랑을 아는 분이었음을 아빠 교육에 관심을 가지면서 더 많이 깨닫게 됩니다. 제 귓전에 다시 들려오는 아버지의 말씀.

"아랫목 더 따뜻해질 테니 영주 좀 더 누워 있으라 해요."

엄마에게 참으로 좋은 남편이었던 아버지는 역시 다정하게 딸을 염려했습니다. 그때 아버지의 목소리는 덥혀진 아랫목보다 더 따뜻했다는 기억입니다. 그리고 느꼈습니다.

'내 아버지구나. 나의 아버지구나.'

두려워 마라, 딸아

몸의 변화, 그리고 그것을 매달 정기적으로 겪어야 한다는 두려움. 그때는 몸도 대단히 자유롭지 못할 거라는 불편함에 대한 걱정. 그것이 시작되는 것입니다. 초경.

생리대 광고를 당당히 하는 시대에 살고 있고, 남편이 아내의 생리대도 자연스럽게 사다 주는 시대에 살면서도 여전히 우리의 어린 소녀들은 초경에 대해 불편함과 두려움이 가득합니다. 게다가 성교육까지 합세를 해서 임신에 대한 것과 연결을 하니 더 부담스럽게도 하지요. 생리 때가 되면 옷도 자유롭게 입지 못하고 밤에 잘 때도 숙면이 어렵고, 심지어 생리통으로 고통받는 학생들이 참 많습니다. 아이들 표현대로라면 데굴데굴 구를 만큼 아프고 진통제를 먹어도 통증이 심하고, 그로 인해 결석하는 친구도 있고 생리를 할 때는 하루 정도는 꼼짝을 못하는 아이도 있다고 하니, 이를 겪어야 한다는 신호, 초경은 여자의 인생에서 주목할 만한 일생일대의 사건입니다. 그런데 이제 보송보송 솜털 가득한 열두 살 혹은 열세 살의 어린 소녀들이 여자로서의 가능성이 열리는 엄청난 관문을 통과하고 있는 것입니다.

두려워 말라고, 멋진 의식을 치르고 있다고, 네가 잘 성장하고 있는 것이라고 안아 주어야 합니다. 아빠가 해 주어야 합니다. 딸의 아버지인 당신이 해 주어야 합니다.

"우리 딸이 이만큼 잘 자라 주어 이제 새로운 변화를 시작하는구나. 고맙다!"

"딸아, 건강하게 잘 자라 주어 고맙다. 멋진 여성으로 자라길 바란다. 고맙다, 내 딸!"

이런 축하를 받는 일은 생리를 비밀스런 것에서 좀 더 자연스런 것으로 여기게 하는 힘이 있습니다. 생리를 부담스런 것에서 축하받을 일이라는 것으로 전환시키는 힘이 있습니다. 초경을 기쁜 마음으로 받아들이고, 내가 건강하게 잘 자랐고 이만큼 잘 자라게 해 준 부모님한테 감사하는 시간으로 축하받고 스스로도 축하하게 해 주세요.

이미 엄마와는 이런 과정을 다 거쳤습니다. 엄마와 함께 생리대를 공유하는 명실공히 같은 여자 대열에 들어선 거라, 설령 엄마한테 '초경 파티’쯤은 안 받아도 받은 거나 다름없습니다. 어떤 생리대가 좋을까를 의논하는 모녀는 이미 공감으로 충만합니다.

그런데 아빠가 초경 파티를 해 주는 것이 그렇게 쉽고 만만한 일은 아닙니다. 사전 준비가 있어야 하지요. 초경 파티를 해 주려면 유아기 때부터 아이와의 스킨십은 물론, 사랑의 표현도 넘치게 해 주시고, 길을 걸을 때 딸아이 손도 잡고, 특히 중요한 것은 대화를 자주 많이 해야 합니다. 초경 무렵의 아이는 대체로 사춘기 돌입 시기인데, 가뜩이나 감정이 풍부해져 감정의 기복이 심한 아이가 아빠와의 관계가 돈독하지 않다면 초경에 대한 이야기는 물론이고, 아빠가 ‘초경 파티’를 해 준다 해도 딸아이가 그 자체를 받아들이지 않을 것입니다. 아빠가 초경 파티를? 웃기는 일, 어림도 없는 일이 됩니다. 그래서 아빠가 “나는 딸아이의 초경 파티를 해 주었다!”고 한다면 이 말은, “나는 딸아이를 이만큼 잘 키웠다!”, “나는 딸아이에게 존경받는 아빠다!”, “나는 딸아이에게 근사한 아빠다!” 라는 말과 바꾸어도 무난합니다.

이제 아빠의 곁에 귀엽고 멋지고 사랑스런 딸과 아내가 ‘좌 (左)딸 우 (右)아내’로 함께하게 되었습니다. 세상에 이렇게 가득한 행복이 또 있을까요. 아빠, 축하드립니다.

 아이의 사회성 아빠가 키운다

초경을 맞는 딸에게!

1. 초경 파티에는 앞의 에피소드에서처럼 '엄마의 속옷'을 선물로 준비하거나 엄마를 위한 선물을 딸과 함께 준비하는 것도 좋다.

   아빠와 초경 파티를 하고 감사의 마음을 담아 엄마의 선물을 사 들고 가는 딸아이는 분명 느낄 것이다. 엄마에 대한 고마움, 여자가 되는 기쁨, 그리고 성숙에 대한 책임감, 그리고 당당한 여성으로서 한걸음 내딛게 되면서 딸은 엄마에 대한 연민과 사랑을 느끼게 될 것이다.

2. 요즘은 학교에서 성교육을 비롯해서 월경에 대해 교육을 하지만 엄마는 딸에게 생리대 사용법, 생리통에 대한 이야기, 월경에 대한 전반적인 이야기를 들려주는 것이 좋다.

   딸에게 인생에서 중요한 몸의 변화가 시작되었다. 알고는 있었지만 실제 닥친 현실은 당혹스러울 수 있다. 아이가 다 알고 있다고 생각하지만 생리대의 종류, 어떤 것을 사용하면 좋을지, 수면 시에는 어떻게 하면 덜 불편하게 될지 등을 딸아이와 얘기하던서 부쩍 가까워질 것이다. 생리는 엄마와 딸을 강력히 이어 주는 대화의 소재이므로 공감대 만점의 기회다. 이 시간을 활용하라.

2학기가 시작되었습니다. 강의명은 아동문학. 첫번째 주라 강의계획, 리포트에 대한 안내를 하고 다음 주에는 자신의 어린 시절, 부모님이 읽어 주었던 책에 대해 발표하는 시간을 갖기로 했습니다.

한 주가 지나고 드디어 발표와 아울러 토론의 시간이 되었습니다.

"저는 기억이 안 나 부모님께 여쭤 보았더니 엄마, 아빠가 책을 읽어 주지 않으셨다고 했어요. 그 얘기 들으니 정말 서운했어요. 저는 나중에 아이 낳으면 책 많이 읽어 주어야겠어요."

"저는 엄마가 읽어 주셨다는데 서점에 가서 읽어 주셨대요."

"저는 엄마가 초등학교 때 저와 함께 책을 읽었던 것이 기억이 남는데요, 엄마가 그러시는데 저 어렸을 때에도 책을 무지 좋아해서 책 읽어 주는 보람이 있었대요."

학생들의 결론은, "나중에 아이 낳으면 진짜진짜 책 많이 읽어 주어야겠어요.", "유치원이나 어린이집 선생님이 되면 유아들에게 책을 많이 읽어 줘야겠어요."였습니다.

그런데 아빠가 책을 읽어 주었다고 발표한 학생이 있었습니다. 저와 우리 학생 모두 귀 기울이며 그 이야기를 들었습니다.

아빠 아빠가 너, 다섯 살 때 책 읽어 주는데, 네가 진짜 재밌다고 자꾸 읽어 달래서 아빠가 졸렸지만 열심히 읽어 줬다? 기억나?

학생 정말? 내가 그랬어? 아빠 힘드셨겠다. 아빠도 졸리셨을 텐데….

아빠 근데 우리 딸이 자꾸 읽어 달라니까 아빠는 오히려 기분이 좋던데. 네가 만약 훌륭해지면 그 덕분인 줄 알아.

학생 아빠, 진짜 짱이다.

책 읽어 주는 아빠

어떤 목적이든 책 읽기는 중요해!

아이가 어렸을 때 머리맡에 앉아서 혹은 아이의 곁에 앉아서 책을 읽어 준 경험이 있었다면 참 훌륭한 아빠입니다. 우리 아빠들이 아이가 잠들기 전에 귀가하는 것도 쉽지 않은 현실임을 감안해 보면 이것은 참 독특한 풍경일 수도 있습니다. 세상의 뛰어난 사람들이 책을 통해 거듭나고 꿈을 키운 것을 우리가 새삼 언급할 필요도 없을 만큼 책은 대단한 위치에 있는 스승입니다. 성공한 사람의 배경에는 책이 있었다고 해도 과언이 아니지요.

책! 이 위대한 스승을 사랑하는 우리 아이 가까이에 두고 싶은 것은 모든 부모님의 소원이기도 합니다. 서점에서 아이와 열심히 책을 고르고 책 읽어 주는 부모님의 모습은 이제 익숙한 모습입니다. 주말에 서점에 가 보면 아빠가 책 읽어 주는 모습을 자주 보게 됩니다. 설령 우리 아이에게 책을 권하는 목적이 한글을 깨우치기 위해서 또는 글자를 익히기 위해서일지라도 이 또한 괜찮습니다. 문학은 문학 자체로 향유되어야 바람직하지만 책이야말로 문자로 이루어진 언어의 정수니까요.

유아기와 초등 저학년 시기에 책은 유아들에게 다양한 경험과 감정이입을 통한 타인에 대한 이해, 대리만족을 통한 정서적 안정, 심미감과 바른 가치관 형성 등에 도움을 줍니다. 아이들은 자신을 중심으로 생각하기 때문에 책 속에 등장하는 많은 인물들과 교감하는 작업은 상당히 의미 있는 교육적 활동입니다.

 아동문학과 우리 아이 가치관

어른의 문학에는 '교육적 가치'라는 말이 유효하지 않습니다. 어른들의 문학에는 착한 사람이 반드시 상을 받지는 않으며, 문학을 통해 무엇을 가르치려고 하지 않습니다. 그러나 아동문학은 '교훈성'이 주요가치 중 하나입니다. 아직은 가치관을 형성해 가는 어린아이들은 모방을 통해 배우고 문학에 등장하는 모든 인물들을 의인화시키고 동일시하며 자신의 가치관 형성에 편입시키기 때문입니다.

모방과 감정이입의 대가인 아이들에게 아동문학의 '교훈성'은 그래서

 아이의 사회성 아빠가 키운다

중요한 특징입니다. 아이들은 책을 통해 즐거움을 느끼고 환상의 세계를 넘나들며 꿈을 펼치면서 동시에 실생활에도 많은 영향을 받습니다.

이밖에도 독서의 효과는 일일이 열거할 수 없을 만큼 무궁무진합니다. 표현력을 신장시키며, 일상생활 속의 이야기들을 접하면서 바른 습관을 형성하고, 형제자매 간의 갈등을 해소하고, 전래동화나 우화 등을 통하여 권선징악에 대한 교훈을 얻어 바른 가치관이 정립되기 때문에 심신이 건강한 사람으로 자라는 데 도움을 줍니다.

또한 사실동화(생활동화) 등을 통해서는 사랑과 용기, 배려, 책임감을 배우고 편식 습관 고치기처럼 실생활에 도움을 받기도 합니다. 환상동화 등을 통하여 꿈과 상상력의 세계를 키워 나가기도 하지요. 19세기, 프랑스의 쥘 베른이 쓴 환상과학동화의 내용 중 대부분이 지금은 현실 세계의 것이 되었습니다.

독서는 또한 아이의 세상을 여기에서 저기, 또는 저 너머로 안내해 주는 역할을 하며 아이에게 경험의 폭을 넓혀 줄 뿐 아니라, 인지와 정서, 감수성에도 도움을 줍니다. 어린 시절 책 읽어 주기의 영향은 바로 나타나기도 하지요.

토끼 간을 구하러 간 자라 동화를 들은 다섯 살 반. 46개월 태우가 과학 영역의 거북에게 말을 건넸습니다.

태우 거북아, 거북아!

51개월 정현이도 그 곁으로 와서 말을 건넵니다.

정현 왜 태우야? 거북이 밥 주게?

태우 아니! 거북아, 거북아! 가서 토끼 간 가져와! 응? 토끼 간 가져와.

옆에 앉은 정현이도 거듭니다.

정현 그래 거북아, 가서 토끼 간 가져다 주라, 응?

아빠가 읽어 주는 책은 정말 재밌어!

문제는 유아기 때의 책 읽기입니다. 요즘은 읽고 쓰는 시기가 빨라져 7세 이전에 읽고쓰기를 깨우친 유아가 많습니다. 그러나 진정한 '읽기'는 단순히 글자 읽기가 아닙니다. 읽는 순간 그 의미를 이해할 수 있을 때 비로소 우리는 '읽는다'라고 합니다.

흔한 예로 '아버지가방에들어가신다'로 읽으면 이것은 단순읽기입니다. '아버지가 방에 들어가신다'로 읽을 때 이것이 읽기인 것입니다. 그리고 읽으면서 동시에 아버지가 방에 들어가시는 모습을 떠올릴 때 제대로 읽는 수준이 되는 것입니다.

하물며 문학작품은 이렇게 단순한 문장으로 또는 이야기로 구성되어 있는 것이 아닙니다. 문학성을 갖춘 문장으로 표현되어 있으며 유려할 뿐 아니라 동시(童詩)에는 은유와 형상성이 있으니 유아들이 스스로 읽고 이해하기란 더욱 쉽지 않은 것입니다. 그래서 유아기와 초등 저학년에는 읽기가 능숙한 사람이 읽어 주는 것이 좋습니다. 경우에 따라 누나가 읽어 주는 책, 형이 책을 읽어 주는 것도 좋습니다만, 이것은 지

 아이의 사회성 아빠가 키운다

속적인 면에서 문제가 있을 것 같습니다. 엄마가 읽어 주는 책, 정말 좋습니다. 이보다 더 좋을 수 없는 게 '아빠가 읽어 주는 책'입니다.

짐 트렐리즈의 《하루 15분, 책 읽어 주기의 힘》에는 어휘력의 궁극적인 힘은 '희귀 단어'라는 말이 나옵니다. 일상생활과 또 이따금 사용하는 어휘를 포함한 1만 단어가 공통 어휘라 한다면 그 외에 인생을 더 풍요롭고 지혜롭게 하는 희귀 단어는 독서에 의해 획득된다고 하지요. 중요한 것 한 가지 더 짚고 갈까요. 짐 트렐리즈에게는 어린 시절 책을 읽어 준 아버지가 있었다고 하네요. 하루 15분, 아빠도 아이에게 책 읽어 주기를 시작해 보면 어떨까요.

우리 아이에게 꿈을 심어 주고 싶은가요? 우리 아이의 정서지능을 높여 주고 싶은가요? 가치관이 바른 우리 아이를 원하나요? 상대방을 이해하는 마음을 가진 아이, 사회성이 발달한 아이로 키우고 싶은가요? 우리 아이의 언어적 표현력을 길러 주고 자신의 감정과 생각을 잘 표현하게 하고 싶은가요? 우리 아이가 자신이 표현할 바를 글로 잘 나타낼 수 있는 능력을 갖기 원하나요? 우리 아이가 누구와도 원만한 대화를 하는 능력을 갖춘 아이, 어떤 지문이라도 이해할 수 있는 논술을 잘 하는 아이가 되길 희망하나요? 독서가 이러한 능력과 직결되느냐고 저한테 질문을 한다면, 저는 즉시 대답합니다. 맞습니다!

책은 꿈의 안내자이며 인생의 길라잡이입니다. 세종대왕도, 안철수 교수도, 스티브잡스도 그들의 인생을 얘기하면서 '책 읽기'를 언급하지

갚은 사람은 없습니다. "오늘의 나를 있게 한 것은 우리 마을 도서관이었다."고 한 빌게이츠의 이야기, 책은 미시시피 저 너머에 어떤 세계가 있을 거라는 꿈을 주었다고 했던 오프라 윈프리의 이야기도 떠오릅니다. 책은 꿈과 연결되는 주요 통로입니다. 선진국에서는 유아기, 특히 초등기에 많은 책을 읽게 한다고 합니다. 국어 능력이 풍부하면 다른 교과목을 이해하기 쉽기 때문이라고 하지요. 그러나 아직 어린아이들은 책을 제대로 읽을 능력과 선택의 능력이 없습니다.

아이에게 책 읽어 주기를 실천해 주세요. 유아기와 초등 저학년 때는 아이에게 "책 좀 읽어라!"라는 근엄한 명령보다는 "아빠가 책 읽어줄게."라는 달콤한 유혹이 필요합니다.

오늘 밤 시작하는 아빠의 책 읽어 주기

책 읽어 주기의 중요성과 아울러 아빠가 책을 읽어 줄 때의 효과가 몇 가지 더 있습니다.

먼저, 아빠와 자녀의 유대감이 돈독해집니다. 이 모습을 바라보는 아내의 사랑스런 눈길도 확인할 수 있지요. 가정의 분위기가 화목해집니다. 그러므로 아빠의 책 읽어 주기는 자녀교육의 출발점이자 종합편이 됩니다. 상상해 보세요. 나직하면서도 굵은, 그러면서도 부드러운 목소리로 읽어 주는 아빠의 책 읽는 목소리. 잠자리에 누워 아빠를 바라보

 아이의 사회성 아빠가 키운다

며, 아빠가 읽어 주는 책의 세계로 빠져드는 아이. 생각만 해도 행복한 모습입니다. 아이는 아빠를 사랑하게 되지요.《내가 아빠를 얼마나 사랑하는지 아세요?》라는 책을 읽어 주면서, 아기 토끼와 아빠 토끼의 사랑을 통해서 내 아이와의 교감을 느껴 보세요. 어렸을 때 아빠가 읽어 주는 이야기를 들으며 자란 아이는 아빠를 사랑할 수밖에 없다고 확신합니다. 이 둘의 사이는 앞으로도 대화가 통하는 사이가 됩니다.

아이들은 자신의 아기 때 이야기를 들려주면 굉장히 좋아합니다. 자신도 잘 기억하지 못하는 아기 때의 이야기를 들을 때면 "진짜? 그래서?" 하

견서 눈을 반짝이며 엄청난 호기심을 보이지요. 가끔은 아빠가 “너 어렸을 때에 아빠가 책을 읽어 주었는데…….” 하며 이야기해 주세요. 눈 반짝이며 듣는 자녀를 보게 될 겁니다. 그뿐인가요. 아이가 어렸을 때 책 읽기를 해 준 아빠는 앞의 에피소드에서 보여 준 학생의 이야기처럼 “진짜 우리 아빠가 그렇게 멋진 분인지 몰랐어요. 그 얘기를 듣는데 눈물이 왈칵 나서 아빠 안아드렸어요. 저 어렸을 때 책을 읽어 주셨다는 얘기 하나만으로도 우리 아빠는 저를 정성 들여 키웠다는 생각이 들고 저를 사랑하신다는 생각이 들었어요. 아빠께 진짜 잘 해드릴 거예요.”라는 얘기를 들을 수 있을 겁니다.

오늘 밤 아이에게 어떤 책을 읽어 줄까 고민하는 아빠, 당신은 훗날 당신의 자녀로부터 “진짜진짜 우리 아빠, 정말 멋지다.”는 고백을 듣게 될 것입니다. 그리고 자녀로 하여금 “저는 아빠께 진짜 잘 해드릴 거예요.”라는 감동의 결심을 하게 할 것입니다.

아빠, 잘 기억해 주세요. 책 읽어 주기는 우리 아이가 어렸을 때만 유효합니다. 초등 저학년까지만 할 수 있는 일이며, 사랑보다 그 유효기간이 짧을 수도 있습니다. 이 또한 내일로 미루기엔 너무나 아깝습니다. 오늘 밤입니다. 아빠의 책 읽어 주기, 오늘 밤부터 시작하면 어떨까요.

  아이의 사회성 아빠가 키운다

아빠는 책 읽어 주기의 달인

시드니 대학의 교육학자인 수전 콜마 박사는 미취학 어린이들의 언어발달 과정에서 부모들이 책을 읽어줄 때 책을 줄줄 읽지 않고 천천히 쉬어 가면서 읽어 주면 언어 능력이 훨씬 좋아진다고 했다. 다음을 기억하자.

1. 모국어를 습득해 가는 유아기에는 어휘 및 연음법칙 등이 익숙하지 않으므로 천천히 또박또박 읽어 준다.

2. 아이에게 책을 읽어 줄 때는 천천히 또박또박 읽어 주되, 리듬을 타듯 읽어 주어라. 유아용 문학은 그 길이가 길지 않으므로 특별한 상황이 없는 한 처음부터 끝까지 읽어 주고, 읽어 주는 중간에 아이가 질문을 하면 흔쾌히 질문을 받아 준다.

3. 동화구연가처럼 성대모사를 하며 읽어 주지 않아도 괜찮다. 섣부른 성대모사는 주인공을 헷갈리게 할 뿐이다. 자연스럽게 아빠의 목소리로 읽어 주면 된다. 아빠가 천천히 부드럽게 리듬을 타듯 또박또박 읽어 주는 책 읽기, 그 자체만으로도 아이에게는 충분하다.

아빠와 목욕하면 이래서 좋아요

- 아빠가 등 밀어주시며 많이 컸다고 하실 때
- 아빠와 손잡고 탕에 들어갈 때
- 아빠가 씻겨 주실 때
- 비누칠해 주시니까 좋아요
- 탕 속에서 즐겁게 이야기할 때

아빠와 목욕하고 나서 하고 싶은 일

- 아빠가 드라이기로 머리 말려 주시는 것
- 아빠가 음료수 사서 같이 마시는 것
- 옷을 팬티부터 다 입혀 주시는 것
- 몸에다 로션 발라 주시면서 많이 컸다고 말해 주시는 것
- 내가 먹고 싶은 음식 사 주시는 것

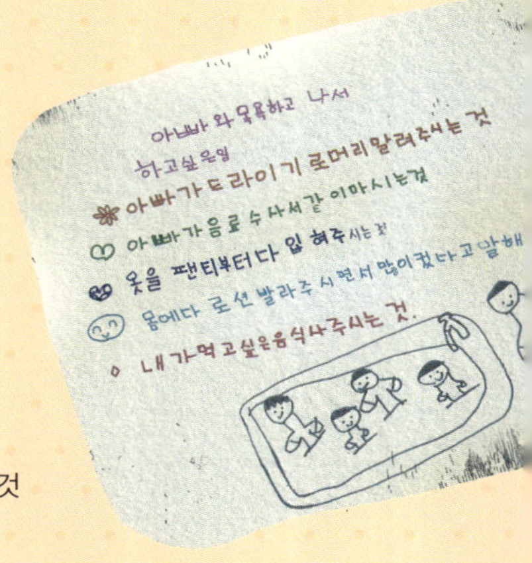

일곱 살 남자아이들이 그림을 그리고 글을 쓴 '아빠와 목욕하면 이래서 좋아요'와 '아빠와 목욕하고 나서 하고 싶은 일'입니다. 그림을 살펴보세요. 탕 속에 들어앉은 어른 남자들의 모습과 남자아이들이 참 재밌지 않은가요. 이제 표정을 살펴보세요. 왠지 아빠들은 "어, 시원해." 하는 표정이고 남자아이는 "이게 시원한 거라구?" 하는 표정 같습니다.

06
대인관계지능을 높이려면 아빠가 목욕시켜라

아빠와 함께 가는 목욕탕

따뜻하고 은밀하고 비밀스러운 신체적 공감, 목욕. 남자아이는 이곳에서 아빠와 내가 한 핏줄임을 인식하고 동지애를 느끼며 친구같이 가깝고 다정한 아빠를 경험합니다. 서로의 등에 비누칠을 하며 느끼는 흐뭇함과 애틋함. 아빠는 아이의 등을 밀어 주며 커 가는 아들의 성숙에 뿌듯해지겠지요. 나의 핏줄, 미래의 청년이 내 분신이라는 사실에 불끈 힘이 솟을 겁니다. 잘 키워야지. 만지기에도 아까울 정도로 여린 우리 아이의 종아리에 힘이 생기고, 어느새 엉덩이가 올라붙으며 탄탄하게 자라는 아이를 보며 아빠는 기운이 솟고 흐뭇해집니다. 내 분신, 내 사랑하는 아이와 알몸으로 나누는 소통, 목욕입니다.

　‘아버지 교실’에서 들은 아빠들의 이야기에서 저는 아이와 아빠의 목욕이 갖는 의미와 감동을 다시 알게 됩니다. 어느 아빠는 아이 몸에 비누칠을 해 주다 꼬옥 안아 준 적도 있다고 하더군요. 아이와 목욕을 하게 되면 사는 이유가 분명해진다는 어느 아빠의 이야기도 있었습니다. 아이가 자라는 과정을 제일 잘 살필 수 있고, 아이에 대해 많이 느끼는 시간이라는 이야기도 있었습니다.

　목욕탕 휴게실에서 쪼옥 소리 나게 마시던 요구르트 하나, 집으로 돌아오는 길에 사 준 짜장면 한 그릇은 아이에게 잊지 못할 추억이고 행복입니다. 아빠와 아들 사이에 둘만의 비밀스런 이야기가 오가고 “이거 엄마한테는 비밀이야!” 하며 중요하지도 않은 말에 의미를 두며 서로 도원의 결의를 맺기도 하는 시간. 맨몸으로 부딪친 아빠와 아들은 이렇게 맘으로도 굳게 하나가 되지요.

 ## 아빠와 함께 하는 샤워

　여자아이라면 아빠와 함께 목욕탕에 가는 것이 한계가 있습니다. 이때는 가정에서 아이를 샤워시켜 주는 것도 좋습니다. 아빠의 굵은 다리도 만져 보고, 다리에 난 털도 신기한 듯 만져 보며 아이는 거인처럼 든든한 아빠를 경험합니다. 이때 아빠는 물이 튀어도 괜찮을 간편한 복장을 하고, 비누거품도 내 보라고 하고, “어, 진짜 비누칠 잘한다.”고 즐

 아이의 사회성 아빠가 키운다

거운 칭찬도 해 보세요. 딸아이의 비단같이 보드라운 머리카락도 만져
보고 아빠의 손바닥 두 개 정도밖에 안 되는 등도 만져 보세요. 아이의
온몸에 비누칠을 해 주며 얼마나 예쁜지, 얼마나 보드라운지, 얼마나
천사 같은지 맘껏 감동해 주세요.

"애한테 비누칠을 하고 씻겨 주다 보면 제가 세상에서 제일 착한 사
람이 되는 것 같습니다."

다섯 살 여자아이를 둔 아빠의 이야기에 '아버지 교실'에 함께 참석
한 아빠들이 모두 고개를 끄덕였습니다.

"그렇게 가늘고 신비스러울 만큼 가녀린 작은 몸으로 어떻게 미끄럼을 타고 뛰어놀 수 있는지 그렇게 꼭 껴안을 수 있는지 신기해서 정말 잘 키워야겠다고 결심했어요. 진짜 강사님 말씀대로 애하고 목욕을 하다 보면 서로 옷을 입었을 때는 아이한테 명령하고 욕심을 부릴 때가 많은데, 그때와는 달리 감사하다는 생각으로 가득합니다. 우리가 보통 그러잖아요. 사람이 목욕탕에 가서 옷을 다 벗고 나면 지위나 명예로부터 모두 벗어나 자유롭고 평등하다고요. 근데 이게 애하고도 평등 관계를 느끼게 되는 거예요. 그리고 애가 진짜 하나의 인격체고 귀한 생명이라는 사실을 깊이 느끼게 됩니다. 그리고 욕심을 내려놓고 정말 '건강하게만 자라다오'를 실감하게 됩니다."

내 아이가 어떻게 성장하는지를 살펴볼 수 있는 일이 바로 아이와 함께 목욕하는 일입니다.

"애랑 목욕하면 언제 이렇게 컸나, 신기하기도 하고 애가 말을 어찌나 잘하는지 깜짝 놀랄 때가 많습니다. 솔직히 거실에 함께 있을 때는 TV나 다른 것들 땜에 아이와 집중해서 말을 잘 나눌 기회가 없는데, 목욕하면서는 진짜 이 얘기, 저 얘기를 많이 나눌 수 있는 것 같아요."

이 아빠의 경험처럼 아이와 함께 목욕하면서 내 아이가 쏟아내는 신비로운 말의 향연에 함께하면서 행복을 만끽해 보세요. 세상의 온전한 기쁨이 그 안에 있을 듯합니다.

　목욕과 샤워 시간을 통해 나눈 아빠와의 이야기, 아빠와의 공감으로 이 딸이 알파걸이 될 수 있습니다.

　'아버지와 원만한 관계를 맺으면서 딸들은 남성과의 의사소통을 배우고 문제해결능력과 다양한 사고방식을 익힌다. 그건 딸에게 신선한 충격이며 남성이 지배적인 사회에서 딸은 거침없는 능력을 발휘할 수 있다. 즉 딸은 아빠의 장점, 남자의 장점을 가진 여자로 자랄 수 있다.'는 하버드 대학 댄 킨들러 교수의 알파걸 탄생 요인을 인용하면서 아빠와의 접촉이 갖는 중요성을 다시 확인합니다.

　사회에서 두각을 나타내는 엘리트 여성을 일컫는 신조어인 알파걸. 우리 딸이 공부나 운동뿐 아니라 리더십 등 모든 분야에서 탁월한 능력을 발휘하기 바라는 것은 딸을 둔 모든 아빠들의 소망일 것입니다. 우리 딸이 알파걸로 자라기를 바라는 아빠라면 아이의 샤워를 도와주며 많은 대화를 나누고 당당한 아빠로서의 면모를 보여 주세요. 아버지에게 인정과 신뢰를 받고 자란 딸은 사회적으로 알파걸로 성공할 가능성이 높습니다. 내일로 미루지 마세요. 아쉽게도 이 시기는 아주 순식간에 지나갑니다. 영유아기 우리 아이에게 할 수 있는 몇 가지 안 되는 귀한 기회입니다.

사회성의 보고, 아기 목욕

'아기의 몸을 씻어 줄 때야말로 아빠는 아기에게 눈길과 신체적 접촉으로 사랑해 줄 수 있는 아주 좋은 기회이다. 아빠가 아기를 목욕시키면서 사랑스런 말을 아기에게 해 주면 아기도 눈으로 몸짓으로 때로는 울음 말로 화답한다. 아기는 아빠가 자기를 조건 없고 진실한 사랑을 해 주는 것을 확실히 느낀다. 그래서 정신적·육체적으로 안정감을 가질 수 있고 장래에 건전한 자존심을 가진 사회의 일원이 될 수 있다. 특히 아빠가 눈길 접촉으로 아기를 사랑하고 손으로 몸을 닦아 주는 신체적 접촉으로 사랑하며 어릴 때부터 목욕을 시키면 그 자녀는 건전한 자부심을 갖고 자랄 것이다. 아빠와 자녀의 목욕, 그 보상은 헤아릴 수 없이 크다.' 어느 산부인과 의사의 '아빠가 신생아 목욕을 시키면 좋은 이유'를 읽고 동감을 해서 옮겼습니다.

영국 센트럴 런던 대학의 심리학 교수 하워드 스틸(Howard Steele) 박사는 갓난아기 때 아버지가 목욕을 자주 시킨 아이는 그렇지 않은 아이에 비해 대인관계 등 사회적응력이 훨씬 뛰어나다는 연구 결과를 내놓았습니다. 박사는 아기가 아빠와 교감하면서 엄마라는 세계를 넘어 사회로 접어든다고 보고 바쁜 아빠들에게 아기와의 목욕이 가장 좋은 기회라고 했습니다.

아기와 이야기를 나누며 목욕을 시키면 언어습득에도 좋습니다. 기저귀를 갈아 줄 때와 비슷한 방법이지요.

스키너(Skinner)의 《언어습득이론》 가운데 'Tact 이론'이 있습니다. 행동주의 이론가인 스키너는 아이는 부모 또는 주변 어른들의 말을 듣고 모방하며 강화이론에 의해 말을 습득해 나간다는 주장을 펼치지요. Tact 이론(접촉한다는 의미의 'Contact'에서 온 용어로 접촉하면서 또는 접촉의 상황에서 그에 적합한 언어를 사용하며 언어습득을 돕는다는 이론)을 아기 목욕시킬 때 활용하면 아기의 언어습득에도 도움을 준다고 합니다.

아기 목욕을 시킬 때 아기 손을 물위에 찰랑대 주며 이렇게 말해 보세요. "우와, 우리 아기 목욕하네요. 아, 따뜻한 물이다. 우리 아기 목욕하는구나. 찰랑찰랑, 물이다. 물이 따뜻하구나."

아기 기저귀 갈아 줄 때와 같이 매 상황을 천천히 그대로 말하는 것입니다. 머리 감을 때는 '머리 감자.'라고 말하고, 물이 따뜻하면 물이 따뜻하다고 말하고, 아기가 목욕을 즐거워하면 '우리 아기 목욕 즐겁지?'라고 얘기하면 됩니다. 아빠 혼자 말하니까 심심할 것 같지요? 아닙니다. 직접 해 보세요. 아빠 스스로 놀랄 것 같습니다. '어쩌면, 아기가 내 말을 알아듣네.' 하면서.

아이가 좀 더 자라 유아기가 되어도 아빠와 함께하는 목욕은 즐겁습니다. 자연스런 성교육도 이뤄지지요. "아빠, 크면 아빠처럼 털 나?"라고 물으면 자연스레 대답하세요. "응, 그럼. 어른 되면 털이 자란단다. 아빠 털 멋있지?" 아빠와의 자연스런 접촉을 통해 다양한 세상을 경험하며 건강하고 자연스럽고 밝게 성을 알게 될 것입니다.

아빠! 지금 우리 자녀가 아빠 품속에 포옥 들어오는 작은 몸을 가졌을 때 아낌없이 많이많이 나누고 교감하세요. 나중에 "그때 더 많이 목욕하며 스킨십할 걸." 대신에 "그때 정말 잘했어."라고 말할 수 있는 아빠이길 바랍니다.

퇴근하고 돌아와 저녁식사를 마치고 아이에게 이렇게 말해 보세요.

"민지야, 아빠가 샤워시켜 줄까?"

일요일, 조금은 늦은 아침을 마친 후엔 이렇게 말해 보면 어떨까요?

"지호야, 아빠랑 목욕탕 가자."

대인관계, 사회성의 보고 아빠와의 목욕

센트럴 런던 대학 심리학 연구팀에서 100쌍의 부모가 낳은 아이들의 성장 과정을 14년 동안 조사한 결과, 아빠가 육아에 참여했을 때 아이의 사회성이 양호하고 그렇지 않은 경우에는 대인관계에서 문제를 일으키는 경우가 많았다고 한다. 특히 아빠와의 스킨십을 강조했는데 가장 좋은 시기가 신생아 때 아빠가 목욕을 시키는 것이라고 한다. 이는 아빠와의 신체 접촉과 따뜻한 목욕물이 결합할 때 아이의 체내에서 분비되는 옥시토신이라는 호르몬이 아이들의 사회성 발달에 긍정적으로 작용하기 때문이다.

이 연구에서 신생아 때 아빠가 목욕을 시키지 않은 아이들 중 상당수가 친한 친구가 없고, 다른 아이들이 자신을 좋아하지 않을까 불안감을 느낀다는 대답을 하였다. 이들 중 30%가 '심각한 교우관계상의 문제'를 겪었고 아빠와 함께 일주일에 3~4회 목욕을 한 아이들은 이런 문제를 경험한 수치가 3%에 불과하다고 한다.

Part

04

아내와 손잡고 가는 아빠

강의 시간 십분 전, 책을 챙겨 들고 강의실로 올라갈 준비를 하고 있는데 휴대폰으로 전화가 왔습니다.

"안녕하세요. 저 유지은 엄마예요."

"아, 네. 안녕하세요?"

"교수님께 부탁드릴 말씀이 있어서요. 지은이가 감기에 걸려서 아무래도 결석을 할 것 같아요. 그래서 대신 전화를 드렸어요."

"혹시 입원을 했나요? 많이 심한가요?"

"그 정도는 아닌데 애가 워낙 몸이 약해서 바람 쐬면 안 될 것 같아 집에서 쉬라고 하려고요. 근데 얘는 자꾸 가야 한다고 해서 제가 대신 전화드렸어요. 요즘 리포트도 많고 애가 워낙 성실하다 보니 스트레스를 많이 받다가 병 난 거 같아 정말 안쓰럽네요."

대학생 학부모와의 통화도 익숙하지 않을 뿐더러 강의 시간이 다 되어 전화를 끊어야 하는데, 급하게 들려오는 지은이 엄마의 목소리.

"근데요, 교수님. 선처 부탁드려요, 교수님. 지은이가 결석하면 점수 깎인다고 아까부터 난리예요. 그래서 염려하지 말라고 하고 제가 전화드린 거거든요. 애가 워낙 성실해서 장학금 받으려구 어찌나 노력하던지."

"죄송합니다. 아마도 입원이 아니면 결석 처리하는 것 같은데 확인해 보겠습니다."

"그래요? 얘, 지은아, 입원해야 하는 거니?"

"엄마 땜에 못 살아. 얼른 끊어. 끊으라고요."

스무 살 유치원생,
서른 살 초등생으로
키우지 마라

내 아이는 영원한 아기

'강의 교수법' 워크숍에서 어느 교수님께서 발표한 사례를 정리해 보았습니다. 듣고 보니 유치원 아이 결석을 할 때 부모님이 전화를 하는 것과 딱 일치합니다.

대학 2학년이면 우리 나이로 스물한 살입니다. 성년식을 치렀고, 어느 모로 보나 이제 어른의 반열에 들어선 나이입니다. 그런 어른을 자녀라는 이유로 애 취급하면서 결석 전화를 대신하신 엄마. 믿어지지 않습니다. 거기에 결석을 하면 그에 알맞은 적정 점수를 차감한다는 학칙을 어겨 달라고, 교수에게 선처를 부탁한 엄마. 이유는 "애가 워낙 성실해서 장학금 받으려구 어찌나 노력하던지."입니다.

그러나 딸로부터 들은 말은 "엄마 땜에 못 살아. 얼른 끊어. 끊으라고요."였습니다.

부모의 사랑이 자녀를 오히려 힘들게 하는 것을 우리 부모가 알아야 하겠기에 저는 이 일화를 메모해 두었습니다. 그리고 이후로 부모교육에서 자주 언급합니다.

'스무 살 유치원생 부모가 만든다!'

관심을 가져서였을까요. 이후로 이와 비슷한 사례를 심심치 않게 들을 수 있었습니다.

어느 회사에 신입사원이 입사를 했는데 한 달도 채 안 되어 부모로부터 전화가 왔답니다.

"우리 아이를 집에서는 자기 방도 안 치우게 키웠는데 회사에서 잡일을 시킨다고 하더라고요? 업무 외에 허드렛일을 시키는 건 너무한 일 아닌가요? 회사일 하러 보낸 거지, 잡무나 보라고 보낸 건 아니잖아요. 참고해 주셨으면 합니다."

잡무의 기준이 무엇이며, 스물네 살짜리가 자기 방도 안 치운다는 게 말이 되는 건가요. 자녀교육을 논하는 자리인 만큼 우리 정확히 살펴보아야 합니다. 초등학생 정도만 되어도 자신과 관련된 것은 스스로 하도록 가르쳐야 하는데, 자녀가 스무 살이 넘도록 자신의 방도 안 치우게 하고, 심지어 부모가 직장에 전화 걸어 자녀의 상사를 향해 이래라 저래라 하는 이유는…… 아마도 사랑이겠지요.

예나 지금이나 자기 주변을 깨끗이 정리하고 상대를 예의 바르게 대하는 것은 사람 사는 일의 기본입니다. 이것은 아이 때부터 가르쳐야 할 인간관계의 첫걸음이기도 하지요. 아이도 그러할진대 스물네 살이나 된 자녀의 어느 점이 못 미더워 회사에 전화를 해서 청소 같은 잡일 시키지 말라는 경고와 참고하라는 엄포를 놓는 건지 이해하기 어렵습니다. 그럼, 청소는 청소하는 사람만이 하는 겁니까.

머잖아 이 부고는 자녀를 향해 이렇게 말할 수 있습니다.

"그런 데 그만 다녀."

　그 말 속에 들어 있는 수많은 내포가 이 시대의 전형적인 트렌드가 되는 건 아닌지 조심스럽기만 합니다.

　'네가 그렇게 힘들게 일 안 해도 먹고 산단다. 애야, 너를 어떻게 키웠는데 네가 그런 고생을 한단 말이냐. 걱정 마라. 아빠가 너 먹고 살 만큼은 다 해 놓았다!'

스물세 살 내 아기

　주제가 나오니 여기저기에서 유사 사례가 쏟아져 나옵니다.

　회사에서 가는 1박 2일 MT에 딸을 보낼 수 없다는 아빠의 전화도 있다고 합니다. '아이'가 밖에서는 잠을 못 잔다는 이유, 위험하다는 이유였습니다. 그 '아이' 나이는 스물세 살입니다. 회사의 MT가 위험하다는군요. 게다가 딸의 잠 습관까지 챙기는 아빠이고 보면 참 자상한 아빠임에 분명하지만, 스물세 살이 아직도 애라고 여기는 아빠는 객관적 숫자를 계산 못하는 아빠이며, 딸이 이미 다 자란 성년임을 인정하지 않는 위험한 아빠이기도 합니다.

　외국의 젊은 남녀가 성인이 되어서도 독립하지 않고, 심지어 동거할 여자와 남자를 부모님 집에 데려와 함께 산다는 식의 '캥거루족' 기사를 읽었던 적이 불과 십여 년 전입니다. 그때만 해도 강의 시간에 캥거루족이라고 말하면 그게 무슨 용어인가 하며 낯설어 해서 부연 설명을

　아이의 사회성 아빠가 키운다

한 적이 있습니다. 그러나 이제 더 이상 설명이 필요 없는 용어, 보편 용어가 되었습니다. 좋은 현상일까요?

설상가상, 스무 살 유치원생, 서른 살 초등생이라는 용어도 가능한 시대입니다. 누가 그들을 그렇게 만들었을까요. 감히 저는 우리 부모님들이었다고 말합니다.

지금의 50대, 60대는 부모 사랑을 받기보다 효도하기를 배운 세대입니다. 그분들은 내 아이는 맘껏 사랑하고 잘 키우고 싶어 금이야 옥이야, 애지중지 자녀를 키웠습니다. 자녀에 대한 희생이 모토였지요. 그러나 그 희생의 결과는 다양하게 나타나 급기야 '우약한 자녀'를 양산했습니다. 20, 30대 이 땅의 동량, 건장한 청년들은 캥거루족, 니트(NEET)족이라는 용어에 둘러싸여 있습니다.

물론 문화적 현상으로서 드러난 것일 뿐, 아주 소수의 젊은이들에 해당되는 용어겠지요. 그러나 이것이 표면으로 떠오른 것을 더 이상 간과할 수는 없으며, 공공연히 회자되는 용어를 외면할 수는 없습니다. 급기야 30, 40대 스크럼(scrum)족이 늘고 있다는 소식도 들려오는군요. 캥거루족, 니트족, 스크럼족은 청년들이 만든 문화가 아니라 우리 부모가 만든 합작품입니다.

우리 자녀, 잘 키워야 합니다. 자녀들은 때로 자기들이 알아서 크는 것이라고 큰소리치지만, 어느 시기까지는 분명히 부모에 의해 길러지고 키워지는 수동적 존재입니다. 이 수동적인 존재를 능동적인 존재로 나아가게 하는 것이 부모의 역할입니다. 그런데 20세가 되고 30세가 되

거도 여전히 부모 손에 의해 길러진다는 것을 상상하면 무섭기까지 합
니다. 잘 자란 다 큰 날개를 가지고 새 둥지를 차지하고 있는 새를 상
상해 보십시오.

진정한 사랑은 자조능력을 키워 주는 일이며 자립능력을 길러 주는
것입니다. 사랑을 제대로 실천해야 합니다. 자녀에 대한 부모의 사랑은
미리 알아서 해 주는 것이 아니라 자녀 스스로 할 수 있게 기다려 주
고 지켜봐 주는 것입니다.

날아가게 하세요. 날개는 이미 자랐고 날갯짓도 잘합니다. 부모보다
더 건강한 날개를 가진 능력 있는 자녀들입니다.

서른 살에도 여전히 부모 밥 얻어먹고, 지금도 초등학생처럼 어리광부
리는 그런 청년들을 쉽게 찾아보는 사회라면 우리는 희망이 없습니다.

자녀가 결혼했다면 그들끼리 가정 꾸리고 살게 하셔야 합니다. 부모
집으로 자꾸 불러들이지 마세요. 일주일에 한 번 정도는 얼굴 보며 밥
한 끼 먹자고 애원하지 마세요. 직장 다니느라 집 밥 한 번 못 먹는데
주말에라도 부모가 해 주는 따뜻한 밥 먹도록 해야 한다고 생각하는
것 자체가 품안의 자식 취급하는 겁니다.

'직장 다니기도 피곤한데 주말이라도 부모가 해 주는 밥 먹게 해 주
고 싶다.' 는 부모의 넘치고도 지극한 사랑. 그러나 그것이 가정까지 꾸
린 자녀를 애 취급하는 건 아닐까 하는 조심스런 생각이 듭니다.

언제부터 우리 아이들이 이렇게 무능력한 존재가 된 건지요. 왜 부
모 아니면 학교도 못 다니고, 부모 아니면 결혼 자금도 힘이 들고, 부모

 아이의 사회성 아빠가 키운다

아니면 자신이 낳은 아이 양육도 어렵고, 부모 아니면 일주일에 한 번도 집 밥 못 먹는 그런 무능한 어른아이가 된 겁니까? 시대 탓인가요? 시대를 탓하기엔 우리 아이들은 너무도 많은 능력을 갖추었습니다. 부모님이 뒷받침하며 잘 키워 주셨으면 이제 자녀를 근사한 어른 대접해 주세요. 다 큰 자식을 아이처럼 돌봐 주는 건 과잉 사랑입니다. 그런 사랑이라면 이제 멈추어야 합니다.

꿈이 없는 20대? 누가 키웠는데?

'결핍'이 의지를 낳고, 필요가 생산을 가져오는 법입니다. '청년 아이'는 결핍이 무엇인지, 필요가 무엇인지 모릅니다. 부모라는 생산 라인이 이렇게 거침없이 가동되고 있는데, 멈출 것 같지 않은 왕성한 생산력을 자랑하고 있는데, 이 풍요 속에서 사는 '다 자란 아이'가 무슨 수로 결핍을 느끼고 필요를 느끼겠습니까?

"너는 도대체 꿈이 뭐냐?"

고등학생 자녀에게 이렇게 묻는 아빠를 본 적이 있습니다. 꿈을 묻는 아빠는 말에 힘이 있고 절실한 무언가가 있었지만, 그 말을 듣는 건장한 청년은 무력하고 나약해 보이는 표정으로 앉아 있었습니다.

대학에서 강의 잘하기로 소문난 어느 교수님은 저를 만나자 당신의 아들 얘기를 푸념처럼 합니다.

　"우리 때는 절실하고 절박한 무언가가 있었는데 요즘 애들은 도대체 그런 게 없어요. 꿈이 뭔지 모르겠어. 그래서 물었더니 그런 거 없대. 디카를 잃어버리고도 아무렇지도 않게 생각하기에, 우리 때는…… 하고 시작했다가 허망해서 입을 다물어 버렸어요. 그 애한테 디카쯤은 잔소리 길게 들을 만큼의 큰 물질이 아닐 거란 생각이 들더군요. 꿈도 없는 것 같고, 물질에 대한 소중함도 없는 거라면 욕심이 없는 거라고 좋게 생각해야 하나? 풍족해서겠지요? 우리 때는 군대 갔다 오면 바로 먹고 사는 주체가 되어야 한다는 강박관념에 미래가 두렵고 암울했었어요. 부모님 모실 걱정에, 가정을 꾸려야 하는 가장이 될 생각에 참 허둥거렸는데, 지금 내 자식만 봐도 덩치만 크지, 진짜 애들 같아요. 도대체 뭐가 뭔지 모르겠어, 요즘은."

　제가 뭐라고 아는 체를 하겠습니까. 그저 듣고만 있었습니다.

　"부모 도와주기는커녕 달라고나 안 했으면 좋겠다."는 택시 기사님의 자조 섞인 목소리도 기억납니다. "모을 만하면 어떻게 알고 도와 달라고 오니 안 줄 수도 없고. 자식이 참, 그렇지요?"

　한 달 내내, 어떤 때는 밤에도 일해야 수입이 백오십만 원도 안 된다는 60대 기사님의 말이었습니다. 그 기사님의 자녀는 서른두 살, 가정을 꾸린 어엿한 가장이었습니다.

　아이의 사회성 아빠가 키운다

아빠는 단단함을 가진 존재

"아비 없이 자라서 버릇이 없지."

아버지 없이 자란 아이가 밖에서 예의 없는 행동을 하면 이런 말을 들었던 시절이 있었습니다. 그래서 편모의 어머니들은 아버지의 부재를 채우기 위해 자녀양육에 더 엄격했습니다. 아버지의 존재가 그런 것입니다. 자녀가 갖출 예의와 세상 밖에서의 처신을 제대로 가르치는 분이 아빠입니다. 세상이 변했어도 아빠는 여전히 가정의 기둥이며 세상이라는 항해를 하는 데 나침반의 역할을 하는 분입니다. 엄마가 다 자란 자녀를 아이 대하듯 하며 여전히 감싸고 놓지 못할 때, 물질로 사랑을 쏟으며 아이 독립을 늦출 때 아빠가 과감히 나서야 합니다.

스무 살 유치원생, 서른 살 초등학생으로 키우는 것에 아빠가 동조하면 안 됩니다. 단단하게 키우기 바랍니다. 기대고 의지하는 것도 버릇입니다.

예닐곱 살 아이도 부모가 일하러 가면 동생 업고 씻기고 입히면서 부모 대신 역할을 했습니다. 저 자신도 못 먹고 휘청거리면서도 그런 역할을 했는데 충분한 영양으로 체격 든든한 우리 자녀를 무능력하게 만드는 이유가 뭡니까. 자녀가 서른이 넘으면 부모가 대접을 받을 수 있도록 양육해야 합니다. 자식에게 짐이 되라는 것이 아닙니다. 부모의 존재감을 자녀가 느끼도록 하자는 의미입니다. 그래야 자녀가 어른이 되고 어른으로서 역할과 책임을 다하며 당당히 독립적 인간이 됩니다.

아빠의 역할을 잘했으면 합니다. 엄마가 따뜻한 모성으로 감싸는 사랑을 한다면 아빠는 세상 밖으로 나가 도전하고 응전하는 단단한 내 아이로 키우는 사랑을 실천해야 합니다.

부모 모두 감싸는 사랑을 하는 것이 최선의 양육인 듯한 그동안의 양육법이 인생의 좌표를 잃고, 스무 살이 되고 서른 살이 넘어도 부모의 틈에서 "엄마, 아빠!"를 부르는 아기 같은 내 아이로 키웠던 것입니다.

이제 비로소 자녀에 대한 아빠의 단단한 사랑이 필요한 시대가 왔습니다. 아빠만이 할 수 있는 단단한 사랑을 저 켠에 놓고 감성적인 사랑만 준다면 내 자녀는 무능함과 의존, 독립적이지 못한 덩치만 큰 '어른 아이'가 될 수 있습니다.

우리 아이들에게 사회성과 논리, 사고력 발달에 영향을 주는 아빠가 있다는 것이 얼마나 감사한 일인지 모르겠습니다. 우리 아이들이 넘어져 일어날까 울까를 망설일 때 "어서 일어나. 자, 다시 뛰자."라고 말하는 아빠가 있어 또한 얼마나 다행한 일인지 모르겠습니다. 아이의 양육에 큰 그림을 그려 당당한 내 아이로 키우는 아빠이길 바랍니다.

당당한 내 아이, 독립적 인간으로 키우는 아빠

농사 지을 땅이 없었던 유대인은 땅을 일구지 못하는 것을 탓하지 않고 금융인, 변호사, 의사의 길을 선택했다고 한다. 나무의 나이테도 겨울에 자란 부분일수록 여름에 자란 부분보다 더 단단하다고 한다. 언덕 아래로 넝쿨을 뻗은 수박이 평지의 것보다 더 단단하다고 한다. 귀한 아이일수록 멀리 여행을 보내라고도 했다. 내 아이가 귀하면 귀할수록 독립할 수 있게 자조능력을 키워 주어야 한다.

아빠는 아이의 사회화된 행동에 결정적 영향을 미치는 역할을 하는 분이다. 양육에 참여한다는 것이 남성성을 버리라는 것이 아니다. 좀 더 이성적이고 객관적이고 분석적인 남성성을 양육에 접목하는 아빠의 역할을 할 때 아이는 균형 있는 발달을 하여 세상에서 당당히 설 수 있다. 아이 양육에서 아빠의 역할은 '아빠의 남성성'을 발휘하는 것이다.

중학생인 듯한 남자아이와 여자아이가 버스 정류장에서 이야기를 나눕니다.

"그래서 니네 엄마는 뭐라셔?"

"대학 때 유학 가래. 아직은 어리대."

"진짜? 우리 엄마는 고등학교 때도 내가 원하면 보내 준다는데."

"그럼, 너랑은 내년에 못 보는 거야?"

"그니까 너도 내년에 보내 달라고 해. 니네 그렇게 어려워?"

"잘 몰라. 아무래도 돈이 많이 들잖아."

"야, 나중에 집 주지 말고 지금 투자해 달라고 해. 어차피 그 집, 니 거잖아."

"어떻게 그렇게 말하냐?"

"너 기억 안 나? 작년에 니가 우리 결혼하면 어차피 집 두 채라고 했잖아."

"내가?"

"그래. 잊어버렸냐? 니네 집, 우리 집. 너네 집도 너 하나고, 우리 집도 나 하나잖
아. 맞잖아. 그러니까 우리가 만약 결혼하면 집이 두 채."

마침 제가 타야 할 버스가 왔습니다.

제가 들은 대화는 거기까지였습니다.

02

우리는 이미 집이 두 채야!

 **부모가 먼저다!**

버스 정류장어서 남녀 중학생으로부터 들은 얘기에 웃을 수만은 없었습니다. 왜 부고님 집이 당연히 아이 집이 되는 건가요? 부모님이 사회에 기부할 생각이 없는 걸 아이들이 이미 알아차린 걸까요? 유학을 보내 주는 것도 당연한 것이고, 엄마, 아빠의 집이 자신들의 것이 되는 것도 당연하다고 여기는 십대의 대화. 우리 한국인의 정서에서 문제 될 일은 없어 보입니다. 표면적으로는 그렇게 보입니다.

그러나 글로벌 리더라는 말이 자연스럽게 회자되는 국제화 시대에 말로만 글로벌이 아닌, 좀 더 거시적 안목으로 자녀를 키워야 한다고 생각합니다. 부모 것은 부모 것이지, 자동적으로 아이 것이 되는 것이 아니라는 독립적인 사고를 하도록 양육해야 합니다. 이제 부모의 생존 연령이 높아졌습니다. 반면에 자녀들의 독립 시기는 늦어지고 있습니다. 일정 나이가 되어도 독립하지 못하는 자녀들이 많아졌고, 문화적으로도 그것이 별 문제가 되지 않는 듯한 분위기입니다. 그러다 보니 자녀에 대한 경제적 지원 기간은 더 길어지고, 아빠의 퇴직 연령은 빨라져서 사오정이란 말이 더 이상 낯설지 않지요. 100세 시대에 45세 정년이라는 건 가혹한 현실입니다. 아빠는 직업을 최소한 두세 번 가져야 가정을 꾸릴 수 있다는 것입니다. 경제적으로도 참 녹록치 않은 아빠 노릇입니다.

이런 현실입니다. 아이로 하여금 '부모님 집은 당연 내 것'이라는 생각을 가지지 않도록 해야 합니다. 세상이 아주 세련되게 변한 것 같아도 그렇지 않은 부분이 많습니다. 예를 들면, 우리 자녀들만 하더라도 아주 독립적이고, 부모와는 다른 세계를 사는 듯이 부모 및 기성세대에 대해, 때때로 공격적이면서도 부모와 기성세대가 이뤄 낸 것을 자기들 것으로 여기는, 즉 부모 것을 자신들의 것으로 당연하게 여기는 구태의연한 사고를 하는 아이들을 보게 됩니다.

"너네 집도 너 하나고, 우리 집도 나 하나잖아. 맞잖아. 그러니까 우리가 만약 결혼하면 집이 두 채." 지금 중학생 세대라면 대체적으로 한 가정 한 자녀가 많습니다. 그러니까 이 야무진 여중생 말이 맞습니다. 아, 남중생도 작년에 그렇게 말했다니까 둘의 생각이 맞는 것이군요. 그러나 그 집이 자신들의 집이라는 것은 맞지 않는 생각입니다. 그 생각

 아이의 사회성 아빠가 키운다

을 바로잡도록 아빠가 제대로 키우셔야 합니다.

 ## 가정 형편은 비밀이 아니다

자녀가 중학교 고학년이 되면 가정 형편에 대해 알아야 합니다. 형편이 어려우면 어렵다고 알려 주세요. 특히 부족한 것은 알려 주어 아이로 하여금 가족 구성원으로서의 마음가짐을 갖도록 해야 합니다. '아직 어린 애한테 그런 거 알려 주어 뭐하느냐.'고 생각할 수도 있습니다. 이런 마음을 가진 아빠는 자녀가 고등학생이 되고 대학생이 되어도 여전히 자녀가 '애'로 여겨질 것입니다.

"제가 고시원에 있는데요. 부모님께 제일 죄송해요. 아빠가 제 걱정 때문에 밤에 잠을 잘 못 주무신대요, 그래서 다음 학기에 원룸으로 이사 가는데 그러려면 한 달 생활비가 이십오만 원 더 들거든요. 부모님께 죄송해서 그냥 고시원에서 지낼까도 생각 중이에요."

"지금은 얼마나 지원받는데?"

"지금까지는 제가 알바해서 다 충당했어요. 어떤 달은 부모님 용돈을 조금 드리기도 하고요. 근데 이제 3학년이라 학교 공부도 만만치 않고 과제도 많아서 알바 줄여야 해요. 그런데 원룸비가 비싸서 진짜 걱정이에요."

세상에, 아르바이트 한 돈으로 고시원비 지출하고 부모님 용돈까지 드리다니!

"수민이가 고시원에서 지내는 거, 아빠가 많이 걱정하시면 원룸으로 옮기는 게 좋지 않을까?"

"그렇긴 한데요, 아빠한테 너무 죄송해서요. 아빠는 몸도 좀 안 좋으시거든요. 근데도 일하셔야 해요. 저는 세상에서 아빠를 제일 존경해요."

아빠를 걱정하며 눈 주위가 붉어진 수민이. 자신을 넉넉하게 후원하지 않는 아빠인데도 그 아빠를 원망하기는커녕 오히려 걱정하고 존경한다는 수민이.

"교수님, 제 스원이 부모님 집 사 드리는 거예요. 교수님처럼 열심히 살면 교수님도 되고, 박사님도 되고, 부모님 집도 사 드릴 수 있는 거죠? 교수님이 제 롤모델이시고요, 제 멘토시거든요."

"그럼, 넌 할 수 있지. 수민아, 인디언 격언에 어떤 말을 1만 번 이상 되풀이하면 반드시 미래에 이루어진다는 말이 있대. 네가 이렇게 간절히 원하는데 그 소원은 이뤄질 수밖에 없을 거야."

저는 제 학생 수민이가 얼마나 간절하게 소원을 말하는지 알기에, 그리고 수민이가 끝내 그 소원을 이룰 거란 믿음에, 얼마 전 읽었던, 제가 존경하는 작가 김홍신 선생님의 《그게 뭐 어쨌다고》 책에 나온 이야기를, 나의 이야기인 양 해 주었습니다. 그리고 언제나 열심히 최선을 다하는 나의 제자 수민이에게 종강 선물로 주려고 준비했던 그 책을 손에 건네주었습니다. 그 책을 읽고 이 기특하고 성실한 아이가 또 얼마나 많은 동기부여를 받으며 더 큰 성장을 하게 될까요.

저는 압니다. 수민이는 그냥 말만 하는 게 아니란 걸. 그리고 동의합니다. 정성과 열정이 있다면 기적이 일어난다는 걸. 그 기적은 염원이 결집되어 만들어진 것, 책의 내용이 그 순간 떠올랐던 건 그래서였겠지요. 언젠가 수민이의 소원이 현실로 이루어졌다는 소식을 듣게 될 것을 확신합니다. 아빠에 대한 수민이의 사랑과 연민이 간절하니까요.

모름지기 자녀와 아빠는 이런 관계여야 합니다. 가정 형편이 어려우면 자녀는 부모를 걱정하고, 부모는 자녀에게 미안해하면서, 서로에 대한 애틋함으로 감싸며 사는 관계 말입니다.

"교수님, 제 소원이 부모님 집 사 드리는 거예요." 스물한 살의 말간 얼굴을 한 수민이의 소원이었습니다. 부모님이 주는, 한 달에 삼십만 원 용돈으로는 턱없이 부족하다는 학생들의 이야기를 자주 들었던 때였습니다.

어떻게 키웠기에 그렇게 잘 키웠을까요? 어쩌면 부족하지만 최선을 다해 키워 준 부모님의 은혜를 알기에 가능한 얘기 아니었을까요?

결핍이 자산이라는 말이 있습니다. 결핍은 결코 궁핍과 동의어가 아닙니다. 결핍을 궁핍과 동의어로 알고 원망으로 사는 사람에게 결핍은 궁핍이 될 수밖에 없습니다. 그러나 결핍을 채워야 할 꿈으로 아는 사람에게는 결핍이야말로 삶의 의미가 되며, 그 꿈을 이루려고 남보다 더 많이 노력합니다. 그리고 훗날 당당히 말하지요. 오늘의 나를 있게 한 것은 결핍이었다.

부모의 재산을 애써 감출 일도 없지만, 그것이 당연히 자녀의 것이라는 생각은 부모와 자녀 모두에게 바람직하지 않은 일입니다. 부모가 노후에 잘사는 것이 오히려 자녀를 도와주는 시대가 되었습니다. 그러므로 자녀가 부모의 재산을 기대하지 않도록 키우셔야 합니다. 남는 것은 사회 환원한다고 공언하세요. '보아 하니 우리 부모한테 경제적인 거 기대할 게 없다.'를 생활 속에서 자연스럽게 보여 주고 느끼게 하면 좋습니다. 기댈 언덕이 없으면 강해집니다.

가진 재산이 없으면 없다고 말하세요. 경제적으로 넉넉하게 못 키우는 건 미안하지만 더 많이 안아 주며 사랑으로 키웠다고 느끼게 해 주십시오. 죄책감 가질 이유 없습니다. 경제적으로 넉넉지 못한 건 부모 죄가 아닙니다.

그러나 자녀에게 물려줄 유산 몇 가지는 마련해야 합니다.

 ## 이런 재산이라면, 물려줘라

바로 정신적인 유산이지요. 자존감, 배려, 책임감, 당당함, 이타심 등 우리 자녀가 살아가면서 정말 도움이 되는 자산을 아낌없이, 그리고 많이많이 물려주기 바랍니다. 그런 재산은 많을수록 좋습니다. TV 보다가 기부 ARS도 누르고요, 아이와 함께 어떻게 어려운 타인을 도울 수 있을까에 대해서도 의논을 해 보세요. 자녀와 함께 여행을 한다면 어려운 이웃을 생각할 수 있는 여행도 좋을 듯합니다.

지금, 우리 자녀들에게 진정으로 필요한 것은 타로 이런 재산을 물려줄 부모님입니다. 그리고 명심하십시오. 이런 커다란 명제 앞에서는 아버지의 영향력이 더 크다는 것을요. 아버지는 어느 시대에서도 자녀에게 정신적인 지주였습니다.

강한 아버지이지만 그런 아버지를 걱정하고 가엾게 여기며 집을 사 드리고 싶어 하는 수민이 이야기에서 사랑으로 키우고 헌신한 보람을 느끼진 않았는지요. 평생 가족을 위해 헌신하는 아버지를 우리 자녀는 알아야 합니다. 만약 모르고 있다면 알려 주어야 합니다.

가치관 혼란의 시대, 말랑말랑한 시대일수록 자녀에게 강한 아버지의 정신이 절실합니다. 만만치 않은 인생의 어느 기로에서 강한 정신적 지주가 되어, 헤쳐 나갈 수 있는 강한 힘을 주시는 아버지.

큰 실수 앞에서 엄마가 감정적으로 어쩌지 못할 때, 의연하고 따뜻한 눈빛으로 말없이 크게 품어 주었던 아버지의 힘이야말로 아이에게는 집 몇 채의 유산보다 큰 것입니다.

자녀에게 어떤 유산을 물려줄지 'To-Do-List'를 만드는 아버지가 되기 바랍니다. 따뜻한 강함을 가진 아버지는 자녀에게 세상을 살아갈 수 있는 힘의 원천입니다. 물질로 기댈 수 있는 아빠가 아니라 정신적인 지주가 되는 아버지! 아버지는 존경의 또 다른 이름입니다.

아빠의 수고를 알려 주는 것도 자녀교육

1. 아빠가 하는 일을 자연스럽게 들려주는 것이 좋다.

- 최선을 다해 열심히 일하는 아빠의 면모를 부각시킨다.

2. 아빠의 일과 관련하여 바깥세상 정보 주기

- 요즘처럼 직업이 다양해지고 변화가 많은 시대에, 아빠으 직업과 그에 관련된 정보는 아이에거 다양한 직업 정보를 주는 것이다.

3. 아빠가 부딪치는 문제와 해결 방법 들려주기

- 아이들은 크면서 자신들만 힘들고 해야 할 일이 많다고 생각하기 쉽다. 학업, 친구관계 등 쉽지 않은 성장 과정을 거치면서 갈등도 많다. 아빠에게도 문제가 있고 늘 그것을 해결하면서 살고 있음을 알려 줘라. 이를 통해 아이는 문제해결 능력을 배운다.

4. 아빠의 수입에 대해 당당히 공개해도 좋다.

- 자녀들의 경제관념을 정립시키는 데 도움을 준다.
- 자녀에게 쓰이는 돈을 당연하게 여기지 않도록 한다. 아빠가 많은 수고를 해서 얻은 것임을 알려 주자.

5. 사랑만 표현하지 말고 아빠의 수고도 적절히 표현하여 알려 주자.

- 자녀들은 부모의 수고를 당연한 것으로 안다. 부모에 대한 연민과 효심은 자녀에게 올바른 삶의 지표가 될 수 있다.

자유 선택 활동 시간에 다섯 살 민지와 수인이가 소꿉놀이를 하고 있군요. 진행 상황으로 보아 '엄마놀이'인 것 같습니다. 민지와 수인이가 각각 휴대폰을 들고 통화를 합니다.

민지 언니, 우리 남편이 통화가 안 돼. 또 어디 갔나 봐. 에~휴.

수인 또 해 봐. 받겠지.

민지 우리 남편은 전화 잘 안 돼. 통화 진짜 안 돼. 못 살아.

수인 우리 남편도 그래.

두 아이의 표정은 완전 근심 가득한 아내의 표정입니다. 특히 연기 실력이 뛰어난 민지는 배우를 해도 될 듯합니다. 평소에 친구들보다 조금 더 어린 행동을 하는 민지의 모습을 어디에서도 찾아볼 수 없습니다. 이런 민지의 모습에 선생님은 놀랍기도 하고 언어발달을 체크할 수 있는 상황이라 조금 더 지켜보았습니다. 민지가 손사래까지 치며 말합니다.

민지 언니네도 그래? 진짜 남자들 이상해. 그치, 언니? 에~휴. 남자들은 이상해.

48개월 민지와 46개월 수인이의 역할놀이였습니다.

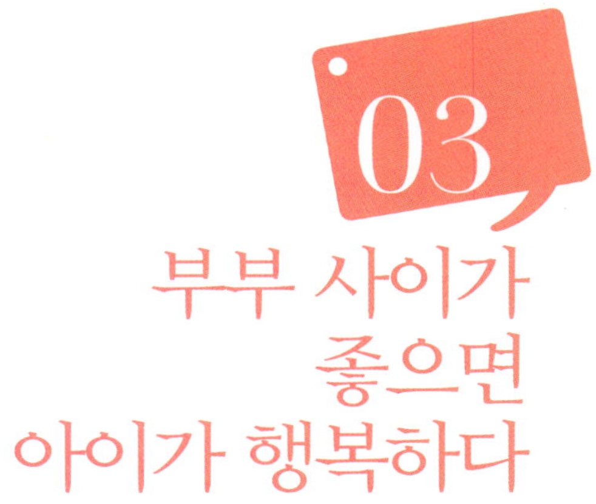

부부 사이가 좋으면 아이가 행복하다

정신 번쩍 드는 아이들의 역할놀이

이제 세상에 태어난 지 50개월도 안 된 유아들이 자발적으로 연출해 낸 '역할놀이'였습니다. 유아교육기관의 교실을 살펴보면 여러 가지 영역으로 구성해 놓았습니다. 예를 들면 '언어 영역'은 언어에 대해 학습할 수 있는 곳으로, 읽기와 쓰기, 말하기와 듣기를 고루 경험하도록 구성해 놓았지요. 언어 영역에는 도서대에 그림동화책 등 책을 준비해 놓으며, 쓸 수 있는 필기류와 종이가 있고, 말하기를 증진시킬 수 있는 인형류, 전화기 등이 있으며, 듣기를 위하여 헤드셋과 녹음기 등이 준비되어 있습니다. 과학 영역에는 계절과 학습단원에 적합한 식물 기르기, 싹 틔우기, 달팽이, 거북 등 생물들이 있어 아이들의 과학적 호기심을 자극합니다.

역할 영역에는 아빠 넥타이, 양복, 엄마 스카프와 핸드백, 구두, 아기 인형 또는 단원에 따라 다양한 소품 등을 준비해 두어 감정이입이 잘 되는 유아들에게 엄마놀이, 아빠놀이, 아기놀이 등을 할 수 있게 구성 해 놓습니다. 유아들은 이 놀이를 통해 타인의 감정을 이해하고 공감능력을 키우는 등 다양한 경험을 하게 됩니다.

이 이야기는 점심식사를 마친 5세반 여자 유아 두 명이 역할놀이하는 장면을 관찰한 것입니다. 역할놀이를 하는 모습을 지켜보면 '아~하, 애들이 어느새 저걸 보고 들었을까? 어떻게 저걸 다 기억했지? 어디서 저런 말을 배웠지?' 하며 놀랄 때가 많습니다. 유아들의 언어와 정서, 인지발달 등에 대해 알 만큼은 알고 있다고 자부하지만, 아이들에게 정말 깜짝 놀랄 때가 많다는 건 아이들의 세계가 그만큼 신비하고 오묘하다는 것이지요.

'이야기 나누기' 시간에 질서의 중요성에 대한 이야기를 하고 있습니다.

지우 선생님! 1등은 한 명만 있는 거지요?

이때 56개월 충현이가 한마디 거듭니다.

충현 지우야, 1등만 좋은 게 아니야. 꼴등이 있기 때문에 1등이 있는 거야.

지우 아니야. 1등이 있기 때문에 꼴등이 있는 거야.

세상에! 48개월 지우의 얘기가 맞는 걸까요, 56개월 충현이의 말이

 아이의 사회성 아빠가 키운다

맞는 걸까요? 듣고 보니 두 친구의 논리가 제법입니다.

1등만 하고 싶어 하는 48개월 지우. 1등을 못하면 친구를 밀쳐내고 서라도 1등을 해야 하는 지우입니다. 그러다 보니 친구들이 가끔 지우를 못마땅해합니다. 그런 지우임에도 이 정도의 논리가 있습니다. 우리가 아이들의 무엇을 알고 있다고 할 수 있나요? 볼 것 다 보고 느낄 것은 순식간에 느끼는 아이들입니다. 우리 어른이 과연 아이들을 알기는 하는 걸까요?

에피소드의 주인공 민지는 이야기에 나와 있는 선생님 의견처럼, 반 아이들 중에서도 조금 어린 행동을 하는 친구입니다. 조금만 자신이 불편하면 견디지 못하고 선생님에게 도움을 청하는 민지는 아이들의 표현을 빌면 '이르기쟁이'입니다. 만들기나 그리기, 식사를 할 때도 선생님의 손길이 많이 가는 친구였기에 '역할놀이'에서 완벽하게 변신한 엄마 같은 민지 모습은 선생님의 눈길을 끌기에 충분했지요.

그런데 '연기실력이 뛰어난 민지는 배우를 허도 될 듯합니다.'라는 선생님 표현대로 민지의 연기 실력이 뛰어난 것이었을까요? 민지가 한 것은 역할놀이였지, '연기'가 아닙니다. 아이들은 놀이를 통해 배우고 놀이를 통해 성장합니다. 아이들의 삶 자체가 '놀이'인 것이지요. 놀이를 통해 표출된 민지의 말과 행동, 표정은 누가 시켜서 그렇게 한 것이 아니고 민지의 내면에 있었던 것이 표출되어 나온 것입니다. 각본도 민지가 쓴 것이고, 연기도 민지가 한 것이지요. 그런데 이제 겨우 48개월 된 민지가 무슨 능력이 있어 이렇게 지문까지 완벽한 각본으로 훌륭한 연기를 할 수 있었던 걸까요?

네, 맞습니다. 평소에 보고 들은 것이지요. 어디에서, 어떤 경로를 통해 보고 들었는지 모르지만 민지는 이 모든 것을 학습한 것입니다. 그러나 민지의 모든 연기가 엄마로 부터 보고 들은 것이라고는 단정할 수 없습니다. 주위의 모든 환경으로부터였겠지요. 그러나 지금은 주위 또는 외부 환경의 영향이라는 거시적 접근 말고, 엄마, 아빠의 문제로 집약할 필요가 있을 것 같습니다.

부부가 서로에게 실망하고 분노할 때 자주 사용하는 말 몇 가지가 있습니다.

"당신 하는 일이 그렇지 뭐."

"당신이 뭐 제대로 하는 거 있어?"

"어떻게 사람이 그 모양이니?"

"하나를 보면 열을 안다고…… 뭘 기대하겠어?"

이런 분위기에서 자녀가 작은 실수라도 하면 그대로 그 화살이 아이에게 돌아갑니다.

"그러니까 쟤도 저 모양이지."

"누굴 닮아 그렇겠어."

우리 어른은 세상살이 온갖 경험으로 그저 기분 풀리는 말 정도로 내뱉은(그렇지요. 말을 한 게 아니라 말을 뱉어 버린 것입니다.) 말이지만, 이 분위기에서 아이는 벌써 공포를 느낍니다. 그래서 저는 부부싸움 하는 모습을 아이에게 보였다면 반드시 책임을 지라고 합니다. 엄마, 아빠가 화해하는 모습을 아이에게 적극적으로 보이라는 것이지요. 부부에게 부부싸움은 일상의 하나지만, 엄마와 아빠의 싸움은 아이에게 전쟁과도 같은 공포를 준다는 기사를 읽었을 때, 완전 공감했으니까요. 그리고 부모가 화해하는 모습을 보면 아이는 더욱 더 안정감을 느낀다고 합니다.

 ## 부부의 행복, 아이의 행복

　아이를 잘 키우고 싶다면, 부부가 행복해야 합니다. 너무도 평범한 이 진리를 말씀드리고 싶어 앞의 이야기를 펼쳐놓았던 것입니다. 아이에게 아무리 좋은 것을 준다한들, 부모가 행복한 모습을 보여 주는 것만큼 좋은 게 없습니다. 아이에게 브랜드 있는 좋은 옷을 입히고 비싼 교구를 사 주고 아이 방을 공주방처럼 꾸며 주었다 해도 부모가 날마다 대립하고 반목하며 서로를 원망하는 가정을 상상해 보세요. 따스한 목소리로 말을 주고받는 것이 아니고 거칠고 원망하는 목소리가 온 가정을 휘저어 놓는다면 냉랭한 분위기에서 아이의 마음이 따스할 수 있을까요. 부모의 전쟁 같은 싸움을 지켜보면서 아이가 세상이 평화롭다고 여길 수 있을까요.

　유아기에서 열 살까지의 자녀는 부모 그대로입니다. 수수하고 편한 옷을 입혀도 부모가 제공하는 따스함과 평화로운 가정을 경험한 아이는 내면이 바르고 강한 힘을 가졌기에 밝게 빛납니다. 어떤 좋은 옷을 입히고 꾸며 주어도 가정이 불안정하다면 아이의 눈동자는 흔들리고 공격적입니다. 공격적인 모습을 보이는 아이는 겉으로 강한 것 같지만 그건 강한 게 아니라 단지 거친 것이며, 내면은 나약하고 흔들리는 자아를 가지고 있습니다. 눈치꾸러기 같은 비굴함도 보이지요.

아이들은 공기의 색깔도 구분하는 힘을 가졌습니다. 아직은 스스로 생존할 수 없는 것을 잘 알기 때문에 우리가 흔히 말하는 '눈치'가 발달하지요. 우리 아이 눈치꾸러기 만드는 것은 바로 불행한 모습을 보여 주는 부부, 부모님입니다.

 ## 우리 아이 잘 키우는 비법 하나!

아내의 전화를 잘 받아 주세요. 세상에 함께하는 유일한 나의 동지를 존중해 주는 것은 세상살이에 더없이 행복한 일입니다. 아내의 전화를 잘 받아 주는 것도 '존중'입니다. 전화를 받았으면 친절하고 따뜻한 목소리로 말하세요. 그리고 아내와 많은 시간을 보내세요. 가정에서 지내는 시간만큼 의미 있는 시간이 세상에 또 있을까요. 내 아내, 내 아이와 함께하고 싶어 귀가의 발걸음이 분주했으면 좋겠습니다. 이들처럼 두 팔 벌려 당신을 환영해 주는 사람이 어디 그리 흔한지요.

우리 아이 잘 키우는 비법 그 한가운데 부부의 행복이 놓여 있습니

 아이의 사회성 아빠가 키운다

다. 우리 아이들이요, 너무도 빠르게 보고 정확히 듣고, 바로 어딘가에 저장한다는 것 잊지 마시기 바랍니다. 저장된 것들은 언제 어디서든 표출되기 마련입니다. 그 어린애들이 뭘 알까 싶은가요?

수빈　밖에 너무 춥지 않냐?

진이　너무 추워서 마스크 해야 돼. 아니면 감기 걸려.

예린　마음이 따뜻하면 주변이 따뜻해진대.

수빈이와 진이가 "맞아 맞아, 나도 알아."라고 환하게 화답합니다. 여섯 살 수빈이와 진이, 예린이가 12월 어느 날 나눈 대화였습니다.

아이는 어른의 거울이며, 아이는 어른의 아버지라는 말이 새삼 떠오릅니다. 부부의 따뜻한 마음으로 가정을 따뜻하기 만들어 주기를 부탁드립니다. 이 세상의 천사들은 그렇게 따뜻한 공간에서 살아야 합니다. 그래야 세상이 따뜻하고 평화롭다는 것을 알고 느끼며 자라 그들 또한 이 세상을 따뜻하고 평화롭게 만들 것입니다.

아이들의 이야기에 동시 같은 대화들이 오고 간 것 또한 사랑 가득한 부모님이 있기 때문입니다.

따뜻하고 아름다운 봄날입니다. 점심식사와 양치를 마친 다섯 살 선구가 바깥놀이 중 고추모종을 보며 말합니다.

선구　너희들, 참 예쁘다~. 물도 많이 먹고 햇빛도 많이 먹고 많이많이 자라라.

그리고 선생님을 향해 말합니다.

선구 선생님! 애네도 들을 수 있댔잖아요. 그래서 예쁜 말 해 줬어요.

이 아이들이 만드는 세상이 어찌 아름답지 않겠어요. 잘 자란 청년들이 만드는 평화롭고 따뜻한 세상에서, 그런 마음 따뜻한 청년들과 함께 살고 싶다는 소망이 벌써 이루어진 듯해 행복합니다.

아내를 행복하게 해 주세요. 그러면 그 가정은 평화롭고 행복합니다.

지금 아빠가 만드는 가정의 평화가 인류의 평화이며, 아빠가 만드는 행복한 가정이 우리 아이의 행복한 미래 세상입니다.

TIP

아이가 있을 때는 모든 것을 아이 위주로 생각하자

1. 가정에서는 물론, 밖에서 또는 누군가를 만나 대화할 때도 아이를 의식하자.

2. 아이가 있을 때는 TV 프로그램도 선별하고, 손님을 맞고 응대할 때도 아이가 있음을 항상 명심하자.

3. 아이가 딴 방에 있다 해도 묘하게 분위기가 전달된다. 아이들의 촉수는 부모를 향해 있고, 아이들은 때로 영적인 존재이다.

4. 전화를 할 때도 아이가 듣고 있음을 의식하자. 만약 아이가 열심히 장난감을 가지고 논다고 해도 아이는 들을 것은 다 듣는다. 아이는 자신이 흥미를 갖는 일에 집중하지만 때로 멀티플레이어이다.

선생님! 얘네도
들을 수 잇댔잖아요.
그래서 예쁜 말
해 줬어요.
고추모종

에피소드 1

우리집 아저씨는 다 좋은데, 말이 정말 거칠어서 문제입니다. 아이한테도 욕이 반이고 심지어 저한테도 반말입니다. 이십 년 가까이 살면서 한 번도 대접해 주는 말을 들은 적이 없어요. 제 호칭이 '야!'예요. 부를 때 "민수 엄마"라고 부르든지 남들처럼 "여보"라고 부르면 되는데 어쩌면 한 번도 잊지 않고 "야!"라고 부르는지 이제 자존심이 상합니다. 애들이 어릴 때는 그냥 그러려니, 하고 넘어갔고 저도 애들 앞에서 싸우는 거 싫어서 좋은 게 좋은 거지, 식으로 넘어갔는데 이제 낼 모레면 나이 오십인데, 너무하다 싶어요.

에피소드 2

남편은 군림하는 걸 좋아해요. 큰소리로 말하면 이기는 줄 아나 봐요. 다 견디겠는데, 애들 앞에서 "니가 뭘 알아?" 하는 식으로 말하는 건 정말 못 견디겠어요. 심지어 애도 지 아빠처럼 똑같이 저보고 "엄마가 뭘 알아?" 그래요. 처음에는 기절할 듯 화를 냈는데도 여전히 고쳐지지 않고, 어떤 때는 그나마 대꾸도 안 하고 방문까지 쾅 닫고 들어가 버리는 거예요. 완전 무시당하는 느낌에 쫓아가 방문을 열면, "아~ 왜요~~~?" 이러면서 신경질을 내는 거예요. 그래서 그 태도가 뭐냐니까 "아, 뭘 잘못했는데요." 그럽니다. 그래도 이 얘기 저 얘기, 들은 바는 있어서 화를 꾹 참고 교육적으로 접근도 해 봤어요.
"무슨 문제 있느냐, 속상한 일 있으면 엄마한테 말하고 같이 의논하자."고 했지요. 그랬더니 "말하면 엄마가 알아요?" 이러는 겁니다.
사춘기 자녀는 '아빠'의 영향이 크다기에 퇴근한 남편한테 아이 문제를 의논했더니, "다른 집은 엄마하고 애들하고 잘 통한다는데 당신은 애를 어떻게 키운 거야? 어떻게 했길래 애한테 무시를 당하나? 하기야 당신이 뭘 제대로 했겠어." 합니다.
어디서부터 잘못된 건지, 내가 뭘 잘못한 건지 도무지 답이 안 나와요. 어떤 때는 정말 이렇게 살아서 뭐 하나 하는 생각도 든다니까요.

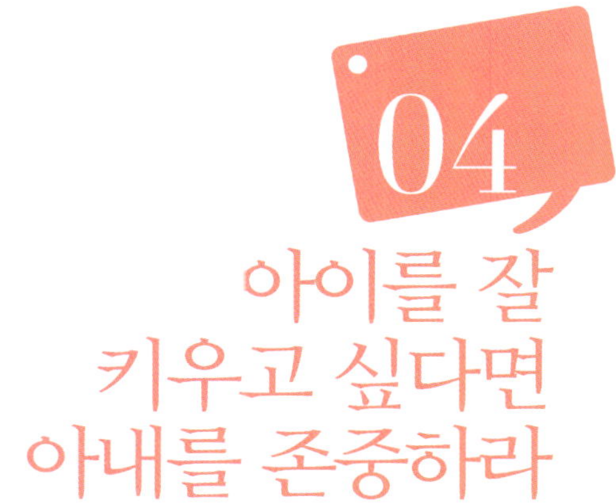

아이를 잘 키우고 싶다면 아내를 존중하라

아내를 사랑하라

요즘에도 이런 아빠가 있구나. 요즘 같은 시대에 이런 남편들도 있구나. 이제 40대 아빠들임에도 먼 옛날이야기를 듣는 듯했습니다. 부모 상담을 시작한 초반에는 이런 이야기는 특별한 이야기라고 생각했습니다. 그런데 이런 사례는 예사입니다. 이보다 더 믿어지지 않는 이야기도 많지요.

아내폄하는 절대 안 됩니다. 아내를 무시하는 건 남편 스스로 가정과 아이 모두를 파괴하자고 작정한 것이나 다름없습니다.

법륜 스님의 '즉문즉설' 강연을 들은 적이 있습니다. 40대 남성이 손을 번쩍 들더니 '즉문'을 합니다. "결혼을 늦게 허서 아이를 낳았는데 정말 잘 키우고 싶습니다. 늦게 낳은 만큼 더 잘 키우고 싶은 마음인데 어떻게 하면 잘 키울지 고민이 많습니다.”라는 질문을 했습니다. 제 귀가 더 크게 열립니다. 자녀교육에 대한 질문도 반갑고 스님의 지혜를 듣게 되다니 정말 기쁜 일입니다. ‘즉답’은 이랬습니다.

“아내한테 잘하세요. 그러면 됩니다.”

세상에! 스님 말씀이 맞습니다. 그럼요. 감히 동의하건대, 진리의 말씀입니다. 내 아이를 잘 키우고 싶은 아빠! 내 소중한 아이의 엄마, 아내한테 잘하세요. 절대로 무시하지 마세요.

저는 부부가 되면 새로운 인생의 막이 올려진 거라고 자주 언급합니다. 이 무대에서 가장 중요한 것 중 하나가 ‘부부 간의 존중’입니다. 서로에 대한 존중이라는 무대 매너가 기본인 것이지요. 이 매너가 없으면 부부 사이는 쉽게 금이 갑니다. 혹시 이런 금이 간 관계에서 아이가 생기고 부모가 되면 말 그대로 불 보듯 뻔한 결과가 있을 뿐입니다.

자녀교육에서 부부에 관한 이야기가 자주 거론되는 이유는 부부 사이가 자녀교육으로 이어지기 때문입니다. 가정의 화목이 자녀교육의 전제 조건입니다. 운동을 하면 몸이 건강해진다는 걸 모르는 사람이 없고, 건강하게 오래 살고 싶은 것은 모든 사람의 절실한 소망임에도 이를 실천하기란 쉽지 않지요. 부부 사이가 좋아야 자녀가 잘 자라는 것도 우리 모두 알고 있지만 제대로 실천하기란 만만치 않습니다. 그러나 자녀란 부모에게 평생의 선물이며 또한 과제이기에 이를 반드시 실천해야 합니다.

 아이의 사회성 아빠가 키운다

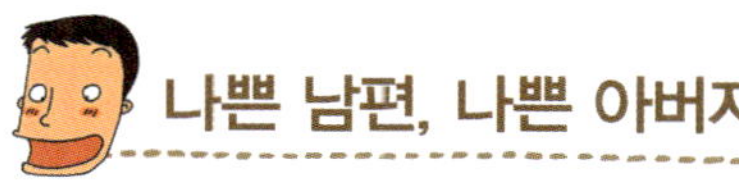

나쁜 남편, 나쁜 아버지

부부 사이가 좋아야 아이도 정서적으로 안정되며 부모를 존중한다는 것을 앞의 사례에 등장했던 남편은 모르는 걸까요? 아내를 존중해야 아이들도 엄마를 존중합니다. 아이들은 보고 자라기 때문입니다.

아빠가 엄마를 무시하는 것을 보고 자란 아들은 엄마를 가엾게 여기면서 아빠를 원망하게 되지요. 그런데 이 아들은 성장하면서 가여운 엄마를 아빠처럼 똑같이 무시합니다. 아이러니이지요. 아빠를 원망하던 아이는 아빠도 무시합니다. 아이 눈에 비치는 아빠는 아빠 같지 않습니다.

아이 맘속에 엄마는 소중한 사람입니다. 이 소중한 엄마를 무시하는 아빠에 대한 적개심을 아이는 품고 있습니다. 대체적으로 이런 경우, 딸의 경우에는 아빠에 대한 미움으로 나타나고 아들의 경우에는 아빠에 대한 적개심으로 나타납니다.

어느 특강 시간에 평생에 자신의 마음속에 있는 미운 대상에 대한 속내를 이야기하는 시간이 있었습니다. 놀랍게도 대부분 미움의 대상이 아빠였습니다. 참석자들은 20대 학생부터 60대 중반까지 다양한 구성원이었는데, 직장 상사에 대한 미움을 얘기한 사람이 1명, 나머지 대다수는 아버지에 대한 미움과 회한으로 눈물을 흘렸습니다.

"술을 마시고 엄마를 괴롭히는……."

"가정에 대한 책임감이 없는 아빠, 아빠 대신 가정을 책임져야 했던 엄마의 험난한 인생……."

"밖에 다른 여자를 둔 아빠, 그것을 지켜보는 불쌍한 엄마……."

"엄마한테 폭력을 휘두르는 아버지를 죽이고 싶었다……."

여성들의 아버지에 대한 감정이 몸서리칠 정도의 미움이었다면, 남성들은 그때 힘이 있다면 아버지를 죽이고 싶었다고 했습니다. 너무 무시무시한가요. 그러나 그랬습니다.

강자인 아빠가 약자인 엄마를 무시하는 모습에서 아빠에 대한 존경심은 사라집니다. 정의롭지 못한 남자는 같은 남자로서 따를 수도, 더더욱 존경할 수도 없습니다. 아빠와 엄마를 놓고 볼 때 아이에게 아빠는 절대 강자입니다. 아이의 관점에서는 상대적 약자인 엄마에 대한 연민으로 상대적 강자인 아빠에 대한 적개심이 더 커지는 것입니다. 아울러 아이의 엄마에 대한 감정에 혼란이 생깁니다. 자신이 엄마를 보호해야겠다는 보호의식과 아울러 이런 연민의 마음이 변질되어 '엄마 무시'라는 형태로 나타나기도 하지요. 그런 대접을 받고도 감내하는 엄마가 심하게는 아이에게 '바보같이' 느껴집니다. 이렇게 혼란스러운 아이에게 엄마의 말이 제대로 전달될까요?

남편의 폭력으로 고민하던 일곱 살 남자아이를 둔 엄마와 상담을 한 적이 있습니다. 엄마의 문제를 해결하고 싶다는 마음보다 가정환경으로 불안해하는 자신의 아들을 좀 더 사랑으로 보살펴 달라는 이야기를 하고 싶어 방문한 것입니다.

 아이의 사회성 아빠가 키운다

“저희 부부는 바뀔 가능성이 없어요. 많이 노력했지만 쉽게 해결될 문제가 아니고요. 애가 집에서 많이 불안할 텐데, 그래서 종일반 신청하려고 해요. 집에 오면 보고 배울 게 없을 거 같아요. 이런 사실 얘기하고 싶지 않지만 그래도 선생님이 아셔야 우리 정훈이한테 조금이라도 더 신경 써 주실 거 같아 정말 많이 망설이다 왔어요.”

아이 문제에서는 한없이 약해지는 게 엄마입니다. 여자는 약해도 어머니는 강하다고 하지만, 부부의 문제로 아이가 힘든 것을 얘기하는 모성은 아이가 가여워 어쩔 줄 모릅니다.

그러나 놀라운 것은 정훈이를 관찰한 결과였습니다. 종일반이 된 정훈이가 원에서 지내는 시간이 많아지면서부터 여러 가지 주목할 만한 것이 나타났습니다. 정훈이는 다른 아이들을 자주 때렸습니다. 그러나 자신보다 강한 아이에게는 눈치를 보며 약한 모습을 보였습니다. 선생님은 정훈이와 시간을 많이 보내기로 했습니다. 그림 그리기를 좋아하는 정훈이에게 맘껏 그림을 그리도록 했고 그린 그림에 대한 이야기도 들어보았지요.

어느 날 정훈이가 사람 두 명을 그렸습니다. 평소 그림을 통해 세심한 표현까지 하는 정훈이인데, 그날은 큰 사람과 작은 사람을 그렸습니다. 일곱 살 정훈이가 들려준 그림 설명은 다음과 같았습니다.

“이건 (큰 사람) 아빠고요, 이건 (작은 사람) 엄마예요. 엄마는 바보예요.”

 ## 아내가 주연일 때 남편도 비로소 주연이다

서로 원망하자고 만난 게 아닙니다. 서로 미워하자고 만난 게 아닙니다. 서로 무시하자고 한 집에 사는 게 아닙니다. 인생은 때로 지지고 볶으며 사는 건 분명하지만, 아빠는 아내를 대할 때 아이에게 미칠 영향을 잠시라도 잊으면 안 됩니다. 성질대로 살아도 안 되고 성격대로 살아서도 안 됩니다. 아빠가 성질부리면 그 성질을 아이가 보고 배웁니다. 아빠가 성격대로 살면 그 성격을 아이가 보고 닮습니다. 아빠는 인격을 갖춘 사람이어야 합니다. 설령 잘 갖춰진 인격일지라도 아이를 의식하며 때로 점검해야 합니다.

아이들은 놀랍도록 잘 배우고 속이 꽉 차 있습니다. 자녀이지만 두려워해야 할 존재이지요. 아이들은 또한 분위기 탐지자입니다. 부부가 서로 조금 부족해도 격려하고, 맘에 안 드는 부분이 있으면 존중하며 보완해 주려는 마음으로 서로 보듬고 살아야 합니다. 아빠가 보여 주는 다듬어지지 않은 성질은 자녀에게 강한 핵 펀치입니다.

아내를 부를 때 '야!'라고 하지 마세요. 아내에 대한 호칭은 아내에 대한 남편의 마음입니다. 나의 아내는 내 사람이면서 동시에 아이의 엄마로서 아이에게 절대지존입니다.

48개월 수민이가 선생님을 부릅니다.

수민 (갑자기 생각난 듯) 선생님~!

 아이의 사회성 아빠가 키운다

수민 우리 엄마는 미스 코리(미스 코리아)예요.

선생님 아, 미스 코리아예요?

수민 네! 왜 그런 줄 알아요?

선생님 예뻐서요?

수민 네~. 예쁘기도 하고 눈이 매력적이거든요.

아이에게 우리 엄마는 '미스 코리아처럼 예쁘고 눈이 매력적인 엄마'입니다.

이 지존의 엄마를 아빠가 무시하고, 이를 고스란히 당하는 엄마를 지켜보는 아이는 혼란스러우며, 이 혼란이 절대적으로 아이의 성격에 영향을 줍니다. 성격 형성은 인격에 영향을 미치고 자녀의 인생 전체에 영향을 미치지요.

아빠가 주인공 되려고 아이들의 소중한 엄마, 아내를 조연으로 취급할 때 아빠는 '조연의 배우자'일 뿐입니다. 명심하세요. 만약 아무 생각 없이 아내를 조연 취급했다면 아빠는 아이들에게 삼류로 취급받게 된다는 것. 이미 맘속에서 아빠에 대한 멸시가 진행되고 있다는 것. 어느 날 아이가 아빠보다 키가 한 뼘쯤 더 자라고 근육이 단단해질 때, 그때는 아빠로서도 어쩔 수 없다는 것.

아이에게 부모로서 존경받는 가장 확실한 방법은 '부부 존중'입니다. 아내를 존중하고 주연으로 대우해 주세요. 자녀 모두 우리 품을 떠나도 내 곁의 당신, 아내는 평생 내 곁에서 함께할 소중한 동반자입니다. 나

의 아내는 훌륭한 주연입니다. 아내를 주연 대우해 주면 아빠 또한 아이로부터 주연 대접 받습니다.

부부는 가정이라는 무대의 주연입니다. 아빠의 아내에 대한 주연 대접은 아이로 하여금 엄마를 주연으로 여기게 합니다. 아이가 엄마의 말에 "엄마가 뭘 알아!" 했다면 아이를 꾸중하기 전에 아빠의 태도를 점검해야 합니다.

부부는 완벽한 한 팀입니다. 빛나는 팀워크를 발휘해야 자녀교육을 성공적으로 수행할 수 있습니다. 아내에 대한 사랑과 존중을 매일 잊지 말고 실천하기 바랍니다. 아이가 보고 배웁니다. 자녀교육이라는 엄청난 프로젝트는 아빠의 '아내에 대한 사랑 리더십'이 있을 때 비로소 성공할 수 있습니다.

부부 사랑, 아내 존중이 곧 자녀교육의 시작입니다.

폭력적인 아빠, 어떻게 할까

1. 아빠가 폭력적일 때 아이가 받는 영향

- 언어 폭력, 물리적 폭력 모두 대물림된다.
- 아빠에게 대응할 힘이 없을 때는 아빠의 폭력이 무서워 참지만, 아빠에게 대응할 힘이 생기면 아이도 가해자가 될 수 있다.

2. 만약 남편이 폭력적이라면

- 아내는 남편도 트라우마가 있음을 이해하고 배려와 존중의 마음을 갖는다. 남편은 자신의 잘못을 지적받을 때 더 폭력적이 된다.
- 평소에 남편의 긍정적인 면을 인정해 주고 칭찬한다. 의외로 강한 것 같은 남편의 마음에 아이 같은 마음이 있을 것이다. 좋은 점을 칭찬하고 '당신은 좋은 사람'임을 느끼게 한다.

3. 가정폭력은 국가가 개입해야 할 범죄

- 일방적이고 반복적인 폭력은 방치하면 안 된다.
- 폭력은 폭력을 낳는다. 가정 폭력은 사회적인 문제로 확대될 수 있다.
- 가정폭력은 112 또는 1366로 신고하라. 폭력은 어떤 상황에서도 용납되어서는 안 된다.

“도대체, 니네가 학생이야? 깡패 집단이야?”

버스 안에서 엄마가 소리를 크게 지릅니다.

“그러니까 전학시켜 달라구~.”

아이도 못지않게 큰소리를 냅니다. 그렇지 않아도 뒷좌석에서 엄마와 딸이 티격
태격 말이 곱지 않게 오가는 것을 듣던 저는 아이의 큰소리에 신경이 온통 모아
졌습니다.

“엄마 땜에 챙피해. 이제 그만해.”

“난 너 땜에 챙피해. 엄마가 그만큼 쫓아다녔으면 됐지, 이젠 니가 해결해야지. 전
학간다구?”

“그러니까 누가 담임 찾아가래? 그니까 소문 짜하게 났잖아. 엄마가 벌인 일이니
까 엄마가 수습해.”

“기가 막혀. 니가 애니? 언제까지 징징거릴래? 이따 집에 가서 아빠하고 같이 얘
기해.”

“아빠가 뭘 알아. 지금까지 한 것처럼 엄마가 해 줘. 난 친구들 땜에 못 다녀. 힘들
어. 엄마가 한번 학교 다녀 봐.”

“몰라. 엄마도 몰라. 언제까지 너 쫓아다녀. 엄마 인생이야? 니 인생이야. 니가 알아
서 해.”

“뭘 알아서 해. 엄마가 해 줘. 나보고 어떻게 하라구.”

“몰라. 엄마도 몰라.”

엄마의 목소리도 높아졌습니다.

“몰라. 도대체 엄마랑 말이 안 통해.”

여학생도 엄마 못지않게 소리 지르고는 다음 정거장에서 획 내려 버립니다. 혼자
남겨진 엄마는 망연자실해 있습니다. 역시 마지막 남겨진 말은 아이와 부모들의 대
화 마무리의 전형인 “엄마(아빠)랑 말이 안 통해.”였습니다.

사랑에도 때가 있다

마냥 곱고 유약한 우리 아이들

프로그램 벤치마킹을 위해 일본의 한 유아교육기관으로 견학을 간 적이 있습니다. 다섯 살 유아들이 물구나무를 서서 반환점을 돌아오고, 뜀틀 13단까지 획획 넘는 모습을 보며 박수를 보냈습니다. 강인한 신체와 해내겠다는 의지, 부단한 연습, 기다려 주는 교사, 아이들의 잠재력과 그것을 끄집어 낸 교육에 아낌없이 찬사를 보냈습니다.

그것이 사무라이 정신에서 왔다고 하든, 일본의 주입식 교육 체제에서 가능한 것이라 하든, 분명 교육의 힘이였습니다.

그러나 저를 무엇보다 놀라게 한 것은 13단 뜀틀을 획획 날듯이 넘는 아이들의 모습도, 승부가 날 때까지 끝까지 씨름을 하는 아이들의 강인함도 아니었습니다. 그 긴 게임을 끝까지 질서 있게 바라보며 응원하는 아이들의 모습이었습니다. 친구가 무언가 해낼 때마다 그 아이들은 자신의 자리에서 함성을 보내고 '잘하라'며 응원을 보냈습니다. 너무 신이 날 때는 자리에서 잠깐 일어날 뿐, 다시 그 자리에 앉아 여전히 경기에 임하는 아이들에게 응원과 함성을 보냈습니다. 프로그램을 진행하는 교사는 한 번도 아이들의 질서를 위해 수업을 멈춘 일이 없었습니다. 일본 가정에서 '남에게 폐 끼치지 않기'를 가르친다는 것과 제가 견학한 교육기관 아이들의 모습은 일치했습니다.

다른 친구의 경기를 오래 지켜보는 일이 유아들에게 얼마나 쉽지 않은 일인지 아는 저는 충격적인 감동을 받았습니다. 제 사진의 초점은 뜀틀을 넘는 아이들도, 씨름 경기를 하는 아이들도 아닌, 그것을 질서 있게 지켜보며 응원하는 아이들의 모습에 맞춰졌습니다.

건강한 신체에 건전한 정신이 깃든 아이들을 보고 와서 저는 생각이 많아졌습니다. 우리나라 유아들에게 지금 필요한 건 진정 무엇일까? 분명 무언가 더 필요한 게 있다는 생각이 들었습니다.

양육의 지향점은 '심신이 조화로운 것'입니다. 이 의미에는 심신의 건강함이 들어 있습니다. 건강함에는 '스스로 하는, 강건한, 절제하는, 참을 줄도 아는'이 포함되어 있겠지요. 그리고 사랑에도 때가 있다는 것을 다시금 알게 되었습니다. 사랑은 무조건 감싸 주고 안아 주는 것만은 아니라는 사실, 부모가 대신해 주며 안쓰러워하는 것이 아니라는 사실을 새삼 절실하게 느끼게 되었지요. 사랑은 때가 되면 안타깝더라도

 아이의 사회성 아빠가 키운다

지켜봐 주어야 하는 것, 품안에서 떠나보낼 때 과감하게 보내 주어야 한다는 것도 다시 깨닫게 되었습니다.

일본의 아이들이 보여 준 강인함과 질서, 타인에 대한 배려를 며칠 지켜보고 와서는 심신이 건강하고 조화로워야 할 우리의 곱고, 때로 유약한 아이들에 대해 깊이 생각하게 되었습니다.

아빠, 인생도 대신 살아 줄 건가

현관에서 아이가 신발을 신으려 하는데 낑낑대며 애쓰는 게 안쓰러워 아빠는 이렇게 말합니다.

"가만있어 봐. 아빠가 해 줄게."

아이는 발만 내밀고 있으면 됩니다.

아이가 소변을 봅니다. 아빠가 얼른 옷을 입혀 줍니다. 아이는 그저 가만히 서 있으면 됩니다. 새로운 교구는 앞다투어 사 줍니다. 몬테소리 교구 중 일상 영역을 보면 아이들이 일상에서 하는 모든 것들이 포함되어 있습니다.

아이가 스스로 신발 신고 벗고, 옷 입고 벗는 것은 아이의 지능을 높이는 것이며, 자조능력을 키우는 것이고, 자기 방어를 할 수 있게 하고, 소근육 발달도 하게 하는, 다기능을 익히고 배울 수 있는 기회입니다. 그 기회를 빼앗지 않아야 합니다. 아이 대신 미끄럼 타 주렵니까? 아빠가 대신 다 해 주는 아이는 뛰다 넘어져 다치고, 방어능력조차 없어 남들 다 잘 가는 길에서 무언가와 부딪치고 넘어지고 다칩니다.

자녀를 유아기부터 자조적이고 자립적이며 단단하게 키워야 합니다. 뭐든 다 해 주고 싶고 남부럽지 않게 해 주고 싶은 아빠의 마음은 알지만, 다른 아이들보다 잘 키우고 싶다면 역설적으로, 다른 아이보다 덜 해 주라고 조언합니다.

온실의 화초도 좋지만 바람에 흔들리고 강한 햇살도 온몸으로 받아내는 야생화 같은 단단한 면모도 우리 아이가 갖추도록 해 주는 것이 아빠의 역할입니다. 바람 막지 마세요. 아이는 그 바람 맞으며 제대로 자랍니다 햇살 강하다고 햇살을 가리지 마세요. 아이는 그 강한 햇살 받으며 건강하고 단단하게 자랍니다. 아이가 자라면서 여러 가지 상황으로 힘들 때가 많습니다. 가만히 지켜봐 주세요. 그것을 장애물로 여겨 아빠가 일일이 제거해 주면 아이는 문제해결력이 없어집니다.

세상은 얼마나 복잡하며 다양한 경험으로 가득한가요. 그게 삶입니다. 아이의 삶을 무르고 단순하게 만들지 마세요. 아이의 삶은 아빠의 것이 아닙니다. 대신해 주려고 '끼어들기' 하지 마세요. 아이의 발달을 방해하는 것입니다.

학교생활을 하다 보면 다양한 성격과 기질을 가진 아이들과 우리 아이가 함께해야 합니다. 심신이 건강한 자녀로 키우셔야 아이가 쉽게 좌절하지 않고 친구에게 자주 실망하지 않으며 쉽게 상처 입지 않습니다. 놀이터에 나가서 아이들과 부딪치며 놀게 하세요. 친구가 뿌리는 모래

 아이의 사회성 아빠가 키운다

에도 맞아 보고, 미끄럼틀을 서로 타려다 다퉈도 봐야 합니다. 이런 과정을 통해 언제나 자신의 맘대로 되는 것만은 아니라는 것도 체득하게 하고, 혼자 차지하고 싶지만 그럴 수만은 없다는 것도 알게 되는 것입니다.

많은 경험을 하게 해 주세요. 그 경험 가운데에서 아이들은 화를 조절하는 방법, 친구들과 사이좋게 놀려면 어떻게 해야 하는지, 상대방을 기분 좋게 하는 말이 무엇인지를 학습하며 조화롭게 성장합니다.

품에서 잘 자란 아이는 곱게는 자라겠지만 사회성 발달에서는 장담할 수 없습니다. 고등학생 딸의 학교를 쫓아다니며 친구 관계를 점검하며 전전긍긍하는 부모, 문제가 생겼을 때 부모에게 해결을 재촉하는 자녀, 이 관계는 바람직하지 않습니다.

부모와 자녀 사이도 연인처럼 강약 조절, 완급 조절, 거리 조절이 필요합니다. 품속에 있을 열 살까지는 품속에서 놓아 주지 마세요. 아이에게 해 줄 수 있는 온갖 사랑의 표현을 아끼지 않아야 할 시기가 이때입니다. 많이 안아 주고, 많이 관심 가져 주고, 아이 가방 속까지 열어 보며 아빠가 도와줄 일이 없을까를 고민해야 합니다. 알림장도 봐 주고, 준비물도 함께 챙기고, 준비물 사러 문구점에도 손잡고 함께 가세요.

그러나 아이가 부모 품을 벗어나는 시기가 되어 품을 벗어나려 하는데도 안고 있으면 아빠와 아이 모두 몸도 힘들고 다음도 지칩니다. 우리 인생은 장거리입니다. 힘 빼지 말고 놓아주세요. 눈길로 따라가며 사랑하고 대화로 방향을 이끌어 주세요. 이끌고 가려 하지 말고 자녀를 믿어 주며, 위험할 때는 이유를 알려 주어 자녀로 하여금 판단하고 극복하게 하세요. 배는 정박했을 때 가장 안전하지만 그것이 배의 존재 이유는 아니라고 하더군요. 우리 자녀도 아빠의 품에 있으면 안전하겠지만 그것이 아이의 삶은 아니기에, 자녀의 삶은 아빠가 대신할 수 없기에 긴 항해를 할 수 있도록 박수를 보내며 떠나보내세요.

스무 살까지는 날 수 있게 연습하도록 도와주고 격려해 주며 부모 또한 자녀가 둥지를 떠나도록 마음의 채비를 하는 기간입니다. 자녀가 십 대일 때 아빠와 아이 모두 연습하지 않으면 떠나보내기 쉽지 않다는 것을 꼭 기억했으면 합니다. 그리고 이십대가 되었으면 날아가게 하셔야 합니다. 안쓰럽고 딱하다고 해서 다시 손짓해 불러들이지 마세요.

삼십대의 내 자녀는 이미 내 아이가 아닙니다. 남의 자식에 관대하듯 서른 살 자녀를 객관적으로 대하세요. 제발 자녀를 내 맘대로 하겠다는 식으로 이래라, 저래라 간섭하지 마세요. 그 간섭을 자녀가 좋아한다고 오해하고, 여전히 내 아이 착하고 말 잘 듣는 거라고 착각하지 마세요. 잘못 키운 겁니다.

사사건건 간섭하는 아빠만 모르는 불편한 진실, 당신의 자녀는 몸만 커 버린 어린아이 같은 단계에 머물러 있습니다. 아빠의 지나친 사랑으로.

'내 아이 = 내 소유'라는 집착에서 벗어나세요. 내 아이는 맞지만 아빠의 소유는 아닙니다. 자녀에 대한 사랑은 자녀의 나이별로 변해야 합니다. 자녀는 이미 자신을 어엿한 독립 인격체라고 여기는데, 아빠는 여

 아이의 사회성 아빠가 키운다

전히 '너는 내 운명'을 주장하며 매달리면 자녀는 버겁습니다.

 ## 아이의 독립, 그 중심에 계신 아버지

아내를 대신해 아버지 당신이 강한 부성을 발휘해야 할 때가 있습니다. 아무리 양성 평등한 세상을 살아가고 있어도 아버지의 강인함은 남성만이 가진 특유의 기질입니다. 어머니가 모성에 치우친 나머지 자녀를 안쓰럽게 여겨 여전히 품에 껴안고 있을 때, 아버지가 이성적인 판단을 내려야 합니다. 물론 엄마와 아빠가 자녀교육의 철학이 대치되면 안 되겠지만, 독립할 시기를 둔 자녀 앞에서 엄마가 멈칫거릴 때는 마음이 일치하면 안 됩니다. 지금까지 쌓아온 아버지의 권위로 참다운 멘토의 역할을 해야 합니다. 자녀들의 독립 시기가 늦춰지는 지금 이 시대, 아버지의 역할이 커져야 합니다.

이 시기를 대비하여 아버지 당신은 자녀와의 소통에 관심을 가졌습니다. 자녀의 자조능력과 자립심을 위해 지금까지 단단하게 키웠습니다. 때가 되었을 깨 이 모든 능력을 발휘하여 자녀를 밖으로 내 보내십시오. 어떤 사랑을 해야 할지, 아버지 당신이 조금 더 이성적으로 실천할 것이라 믿습니다.

분노와 충동을 조절하는 내 아이

내 아이에게 닥칠 고난, 절망, 실수, 갈등과 온갖 어려움은 더 큰 사람이 되기 위한 과정일 뿐이다. 이를 회피하지 않고 극복하며 살 수 있도록 유연하고 강하게 키우는 것이 아빠의 역할이다. 내 아이에게 닥칠 좌절과 절망 등을 걱정하지 말고 극복의 방법을 평소에 보여주며 가르치자. 이 극복의 방법 중 하나가 '분노와 충동 조절'이다.

분노와 충동을 조절하기 힘든 사춘기에는 특히 극단적인 선택을 많이 하는데, 평소에 자신의 감정을 조절하는 능력을 잘 키운다면 상황은 달라질 것이다. OECD 국가 중 청소년 자살률 1위의 한국. 누구에게나 문제와 고난의 시간은 있기 마련이다. 이를 인생의 걸작으로 만드느냐, 원망과 분노로 자신의 인생을 해하느냐의 차이는 어려움을 극복하는 품성과 충동을 조절하는 습관이 관건이다.

다음의 몇 가지를 생활 속에서 실천하는 습관을 갖게 하자. 아이에게 잘 가르치는 가장 효과적인 방법은 부모가 먼저 실천하는 것이다.

- 화가 날 때는 말과 행동을 잠시 멈추는 습관을 갖게 한다. 화가 나서 한 말은 반드시 후회하게 되는 것을 대화를 통해 알게 한다.
- 자신의 행동이 불러올 결과를 예측하도록 한다. 하고 싶은 대로 행동하는 것이 아니라 옳은 것인가를 판단한 후 행동하는 습관을 갖게 한다. 행동은 습관이다. 감정대로 하는 행동은 실수와 후회를 동반함을 알게 한다.
- 상대에게 탓을 돌리지 않는 마음을 연습하도록 한다. 탓하는 습관은 자신의 인생을 책임지지 않는 무책임한 것이며 타인을 공격하는 위험한 행동으로 나타날 수 있다.
- 감정을 표현하는 적절한 언어를 사용하도록 한다. 같은 상황도 어떻게 받아들이고 어떤 언어로 표현하느냐가 그 사람을 나타낸다. 평소 사용하는 언어를 잘 다듬도록 한다.

Part
03

아빠를 닮고
싶어요!

아이들에게 세종대왕이나 이순신 장군은 정말 훌륭한 분입니다. 게다가 아이들은 '장군' 또는 '대왕'이라는 호칭에 엄청 감동하는 편이거든요. 아이들의 꿈을 들어보면 소방관, 의사, 경찰, 군인, 간호사 등 제복 입은 사람이 많이 등장하는데, 특히 군인은 그중 선망의 대상입니다. 더구나 '장군'은 아이들에게 엄청난 로망이지요. 한글 창제를 하신 위대한 세종임금님은 그 자체로도 대단한데 '대왕'이라는 칭호를 가졌습니다.

오늘은 우리나라의 위인들에 대해 이야기를 나누고 〈한국을 빛낸 100명의 위인들〉이라는 노래도 부른 날입니다. 역할 영역에도 한복, 갓, 왕관 등 전통과 문화를 체험하는 소품들이 준비되어 있습니다. 유아들은 한창 세종대왕이 신하들과 한글 창제를 이야기하고 있는 상황극을 하고 있습니다.

호진 야, 근데 우리 아빠는 세종대왕보다 더 대단해.

아니. 지금은 한창 역할놀이를 진행 중인데, 호진이가 현실 속의 아빠 이야기를 합니다. 아이들은 별 이의를 제기하지 않고 "왜?"라고 호응을 합니다.

호진 세종대왕은 한글 만들 때 반대도 했잖아, 신하들이. 근데 우리 아빠는 회사에서 대장인데 아빠가 하자면 다 따라온대.

호진이가 아빠 자랑을 하자 이제 역할놀이는 잊고 다른 아이들도 한복을 입은 채로 앉아서 앞다투어 자신들의 아빠 자랑으로 가득합니다.

이 모습을 관찰한 선생님은 이 기회를 놓칠세라 유아들에게 부모님의 훌륭한 점 등에 대해 이야기 나누고, '쓰기'로 연결시켜 확장 활동을 진행시켰다지요.

아빠는 이유가
필요 없는 위인이다

찌질이 아빠는 안 된다

한때 '찌질이'란 말이 학생들에게 자주 쓰였습니다. 그 말이 주는 느낌이 하도 웃겨서 저도 모르게 크게 웃었지요. 속어와 은어, 준말의 남용에 대해 일깨우고, 교사는 유아들의 언어 롤모델이므로 언어습관을 바로 해야 한다는 취지하에 요즘 많이 사용되는 비속어 등을 화이트보드에 써 보게 한 적이 있습니다. 화이트보드를 가득 채운 이상하고 웃기는 말들! 평소에 아무렇지도 않게 사용하던 말이 막상 글씨로 적히니 우리 학생들도 민망했는지 웅성거리고 키득거렸습니다. 그 중에 적힌 말이 '찌질이'였습니다.

여기저기 들려온 말을 종합하면 '못나 보인다'는 말이 '찌질이'였지요. 찌질이라는 말은 잘생기고 못생긴 것의 문제도, 키가 크고 작은 문제도 아닌 '태도'에서 나온 얘기였던 것입니다.

이 말을 듣고 저는 아이에게 보여지는 아빠의 모습에 대해 진지하게 생각하게 되었습니다. 아이들에게 당신은 어떤 아빠일까요.

아빠는 연출이 필요하다

유치원의 발표회가 며칠 앞으로 다가왔습니다.

오늘은 발표회 총리허설을 하는 날.

선생님 자, 지금부터 무대에 올라가는 거예요. 자리에 앉아 있는 친구들이 엄마, 아빠라고 생각하고 무대에 올라간 친구들은 그동안 연습한 거 열심히 보여 주세요.

유아들이 모두 "네!"라고 크게 대답을 하는데, 두진이가 바닥에 누워 있습니다.

선생님 아, 그런데 지금 누워 있는 친구가 있네요. 바르게 앉아 볼까요? 지금 우리가 엄마, 아빠가 되는 것이에요.

두진(57개월) 선생님, 우리 아빠는 안 예쁘게 앉아 있고 누워 있는데요, 맨날.

선생님 아, 그래요?

연서(53개월) 우리 아빠도 그래요. TV 보면서 맨날 누워 있어요.

민지(53개월) 우리 아빠도예요. 맨날맨날 그래요. 우리 엄마한테도 혼나요. 근데도 그래요.

선생님 네에. 그렇지만 발표회 보실 때는 예쁘게 앉아 계실 거예요. 얼마나 재밌게 보실까요? 지금 엄청 많이 기대하고 계시거든요.

아이들이 이제 다시 "네!" 하고 대답합니다. "우리 아빠는 안 예쁘게 앉아 있고 누워 있는데요." 하며 아빠처럼 누워 있던 두진이도 바르게 앉아 친구들의 율동을 봅니다.

5세반의 에피소드를 읽고 이 이야기를 세상의 아빠들에게 들려주어야겠다는 생각을 했습니다.

저는 아빠들이 억울한 것을 알고 있습니다. 어쩌다 한두 번 그랬는데 우리 아이는 '맨날맨날 아빠는 눕는다.'고 하지요. 어쩌다 술 좀 마시고 늦게 귀가한 것뿐인데, 아이들은 말합니다. "우리 아빠는요, 맨날맨날 술 마시고 맨날맨날 늦게 들어와요."

아빠 노릇 참 어렵지요? 그러나 어쩌나요. 내 아이가 지엄하게 아빠를 지켜보며 아빠를 흉내 내고 아빠를 세상의 중심으로 여기고 아빠를 닮아 가며 자라고 있는걸요.

아빠여! 우리는 세상에서 가장 멋있고 근사한 아빠가 되어야 합니다. 아빠로서의 인생은 연출하는 인생입니다. 아이가 클 때까지 부모는 훌륭한 연기를 하고 제대로 된 연출을 하며 살아야 합니다. 내 맘대로, 내가 원하는 대로 사는 건 자연인으로서나 가능한 것이지, 하늘이 내린 이름, 아빠라는 이름을 가졌을 때는 잘 다듬어진 인생이어야 합니다.

아빠는 주연이며 연출자이며 작가입니다. 주연은 외모만 근사해서는 안 됩니다. 연기력이 뛰어나야 하지요. 연출자는 무대 전체를 살리는 능력을 가져야 하며, 작가는 극 전체를 책임지는 글을 써야 합니다.

춘향전을 생각해 보겠습니다. 춘향이 도련님을 그리워하며 울고 있습니다. 소리 없이 흐르는 눈물을 옷고름으로 살짝 찍어 내며 울고 있습니다. 춘향과 향단이는 같은 동네 남원에 삽니다. 향단은 진한 전라도 사투리를 구사하지만, 춘향이 사투리 쓰는 것은 상상이 안 됩니다. 춘향보다 예쁜 향단도 보질 못했습니다. 만약 향단을 맡은 배우가 춘향보다 예쁘다면 이건 엔지입니다. 이 엔지를 극복해 내는 것이 연출자의 능력이지요.

춘향인들 왜 목 놓아 눈물 콧물 펑펑 흘리며 떠나간 이도령 욕까지 해 가며 서럽게 울고 싶지 않겠습니까? 절제입니다. 절제하는 것이지요. 주인공답게, 춘향답게 행동하는 것입니다. 주인공다운 태도를 가진 것입니다.

아빠가 어떤 외모를 가졌든 아빠는 주인공입니다. 아이에게 아빠가 마이너로 비쳐지길 원하지 않는다면 좋은 태도를 가꿔 메이저로서의 모습을 가져야 합니다. 아이들에게 나의 아빠는 자랑스런 아빠입니다.

 # 세종대왕보다 위대한 우리 아빠!

아빠는 주인공입니다. 그래서 주인공다운 태도를 가져야 합니다. 아빠는 가정의 연출자입니다. 어떻게 연출하느냐에 따라 멋진 가장이 되고 행복한 가정을 만들 수 있습니다. 아빠 스스로 주인공이 되는 각본을 써야 합니다. 누군가는 태어날 때부터 인생의 각본은 정해졌다지만, 저는 각본은 우리가 스스로 쓴다고 생각합니다. 힘들어 죽겠다는 인생관을 가진 사람의 인생은 힘듭니다. 그런 사람은 각본도 스스로 비극으로 쓰겠지요. 그런 사람일수록 스스로 만든 비극에 대해 남 탓을 하고 운명의 탓으로 돌리는 습성을 가졌습니다.

우리 아이들에게 아빠는 큰 세계입니다. 이순신 장군을 존경하는 데에도 왜라는 이유가 있고, 세종대왕을 존경하는 데도 이유가 있지만 아빠를 존경하는 데는 이유가 없습니다. 아빠니까요. 우리 아빠니까 존경하는 겁니다. 그런 우리 아이한테 우리는 어떤 아빠이면 좋을까에 대해 몇 가지 구체적 제안을 드릴까 합니다.

자녀 앞에서는 식탁에 앉을 때도 바르고 의젓하게 앉기 바랍니다. 식사를 할 때도 우리 자녀가 어떻게 먹기를 바라는지 생각하며 먹으면 되겠습니다. 걸을 때도 어깨 펴고 허리는 바르게, 발도 끌지 말고 가볍고 경쾌하게 걸으면 좋겠습니다. 아빠의 직업에 대해 이야기할 때는 아빠가 얼마나 열심히 일하는지 그곳에서 얼마나 필요로 하는 인물인지도 알려 주세요. 밝고 긍정적으로 말하고, 아이가 곁에 있을 때는 특히 누구 험담이나 불만은 절대 삼갔으면 합니다. 아이에게 희망의 세상을 보여 주는 것이 아빠의 역할입니다.

아이 앞에서는 운전을 할 때에도 매너를 갖추고, 지하철, 횡단보도, 심지어 잠시 스치는 모든 사람에게도 멋진 시민으로서의 모습을 보여 주세요.

길을 가다 사람과 부딪쳤을 때 "죄송합니다."며 고개 숙여 인사할 줄 아는 아빠, 작은 고마움에도 "감사합니다."를 표현할 줄 아는 아빠를 곁에서 바라보는 아이의 눈에는 아빠에 대한 자랑스러움이 가득할 겁니다. 아이 앞에서는 '모든 것이 연출'이라고 생각하고 행동하다 보면 멋진 습관으로 형성되어 연출하지 않아도 좋은 행동, 멋진 태도가 '낭중지추

 아이의 사회성 아빠가 키운다

(囊中之錐)'처럼 될 것입니다. 잘 다듬어진 멋진 아빠의 태도가 가정 전체의 분위기가 되며, 가족 전체에게 막강한 영향력을 미칩니다. 아이들 말이 맞았습니다.

"우리 아빠는 세종대왕보다 더 대단해."

아빠, 당신은 역시 이유가 필요 없는 훌륭한 우인입니다.

세종대왕보다 훌륭한 아빠를 위해서는 아내의 지원이 필요하다!

아빠를 훌륭하게 간들기 위해서는 지지자, 지원자가 필요하다. 바로 아내, 아이의 엄마이다. 자녀를 잉육하다 보면 예기치 않은 어려움이 많다. 세종대왕보다 위대한 아빠는 이 어려운 문제를 해결할 수 있는 사람이다. 아내여! 현재 뿐 아니라 양육만이 아니라 훗날을 위해서도 아빠를 위대한 분으로 승격시켜라.

- 아이 앞에서 아빠의 훌륭한 점 자주 언급하기
- 아이 앞에서 아빠 비난 안 하기
- 아이 앞에서 아빠의 집안에 대한 험담 하지 않기
- 아이 앞에서 아빠가 잘한 일 크게 부각시키기
- 아이 앞에서 엄마가 아빠를 얼마나 존경하는지 보여 주기

자유 선택 활동 시간에 47개월 지훈이가 벽돌 블록으로 집짓기 놀이를 하고 있습니다. 이때 이준이와 승표가 지나가다 지훈이가 만든 집 담을 무너뜨렸습니다. "와앙!" 소리를 지르며 울음을 터뜨리는 지훈이. 자신들이 담을 무너뜨렸다는 사실도 모르던 이준이와 승표도 상황을 알아차리고는 깜짝 놀라 어쩔 줄 모릅니다. 자신의 집을 망가뜨린 이준이와 승표를 향해 벌떡 일어나 달려가는 지훈. 그러나 지훈이는 울면서도 친구들을 꼭 껴안아 주는 것이었습니다. 그 모습이 멋있어서 선생님도 지훈이를 달래며 안아 주었습니다.

"속상하지요?" 하는 선생님 말에 여전히 울면서도 고개를 끄덕이는 지훈입니다.

"그런데 지훈이 집이 망가져서 속상했을 텐데 어떻게 친구들을 안아 줄 멋진 생각을 했나요?"

그 질문에 갑자기 선생님 품을 벗어난 지훈이가 눈물을 뚝 그치며,

"네, 그건요. 아빠가요. 화가 나면 침 한 번 삼키고요. 꾹 참고요. '괜찮아.' 그러라고 했어요. 네에~, 그니까요. 아빠가요. '괜찮아.' 그러라고요."

지훈이가 아빠 목소리를 흉내 낸 '괜찮아.'가 얼마나 점잖았던지, 다섯 살 지훈이가 그런 발성을 갑자기 낸 것에도 선생님은 놀랍고 재미있어 그만 웃음을 크게 터뜨렸습니다.

"왜요? 선생님."

"아, 네. 지훈이 아빠 목소리가 정말 그래요? 그렇게 멋있어요?"

"네, 선생님. 우리 아빠 목소리는 최고예요. 엄마도 그랬어요. 아빠 목소리 최고래요."

9월 초가을 날, 다섯 살 지훈이가 눈물 뚝 그치고 들려준 아빠 목소리 이야기가 오래 기억될 것 같습니다.

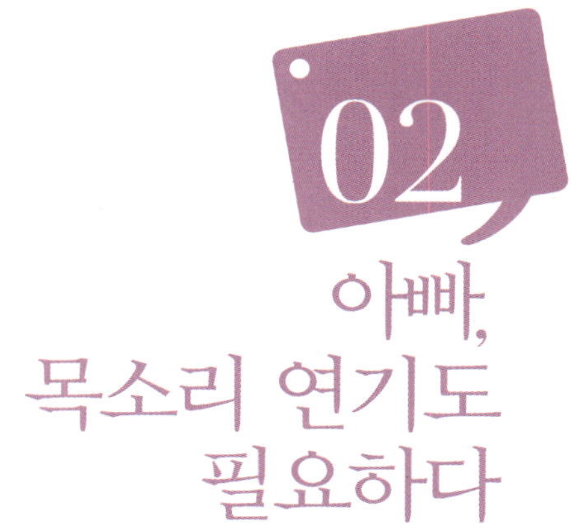

아빠, 목소리 연기도 필요하다

우리 아빠 목소리 최고!

이 에피소드를 읽고 저는 지훈이의 발달과 성장에 대해, 교육의 효과에 대해 흐뭇해했지요. 역시 아이들은 단체생활, 또래와의 사회생활을 하며 바람직한 변화를 보이는구나. 얼마 전만 해도 자신을 조금만 건드리기라도 하면 이유 가리지 않고 때리기를 주저 않던 지훈이였지요. 그런 지훈이가 화가 나서 우는 상황까지 됐는데도 친구를 안 때린 것만도 믿을 수 없는 일인데, 친구들을 안아 주기까지 한 상황에 놀랍기까지 했습니다. "네, 그건요. 아빠가요. 화가 나면 침 한 번 삼키고요. 꾹 참고요. '괜찮아.' 그러라고 했어요." 라는 말에서 '지훈이 아빠의 교육적 철학이 지훈이를 변화시켰구나. 나중에 아빠가 오시면 꼭 찬사의 말씀을 드려야지.' 하고 생각했지요.

그러다 저는 이야기를 끝까지 읽으면서 이야기의 종반에 펼쳐진, 지훈이가 성대모사를 했던 '괜찮아.'라는 지훈이 아빠의 목소리에 주목을 하게 되었습니다.

"네, 선생님. 우리 아빠 목소리는 최고예요. 엄마도 그랬어요. 아빠 목소리 최고래요."

사실 아이들이 아빠의 목소리에 대해 좋다, 그렇지 않다라는 직접적인 언급을 하는 일은 많지 않습니다. 아마 선생님이 "지훈이 아빠 목소리가 정말 그래요? 그렇게 멋있어요?" 라고 질문한 영향이 있을지도 모릅니다. 아이들은 질문자의 용어에 민감한 반응을 보이기도 하니까요. 그러나 엄마도 공인한 아빠의 좋은 목소리. 어떤 목소리이기에 그런 걸까요?

이 이야기를 계기로 엄마, 아빠의 목소리에 대해 생각하게 되었습니다. 언어교육을 전공한 저는 평소 언어에 많은 관심을 갖고 교사교육에도 '선생님의 언어'에 대해 그 중요성과 의미를 주요하게 다루곤 합니다.

혹시 아이가 유아교육 기관에 다니면서 "우리 선생님 예뻐요.", "나는요, 우리 선생님이랑 결혼할 거예요." 하는 이야기를 듣고 실제로 선생님을 보면 그리 예쁜 얼굴은 아닌데 하고 의아했던 적은 없나요? 유아교육현장에 오랫동안 있어 보니 정말 이런 경험을 많이 했는데요, 놀랍게도 아이들이 우리 선생님이 예쁘고 좋다고 하는 경우에는 그 선생님들의 공통점이 있다는 걸 발견했습니다. 아이들의 기준에서 '예쁘다'는 것은 생김새가 아니라 '말', 좀 더 정확하게는 선생님이 들려주는 '밝고 맑은 음성과 친절한 말투, 그리고 환한 표정'이었던 것입니다. 이것이 아이들에게 예쁜 선생님으로 비춰지게 한 공통점이었지요.

아이들에게 목소리의 영향이 이토록 큰 것입니다. 말은 사람의 전부일 수 있습니다. 아빠의 음성, 발성, 발음, 호흡, 어투 등 아빠의 말 전반을 살펴보는 것은 좀 더 세련된 아빠에 접근하는 방법일 것 같습니다. 커뮤니케이션의 3요소 중 말과 비언어적 요소를 살펴본 적이 있는데, 발음과 목소리가 무려 38%를 차지한다고 합니다. 아빠의 합리적인 말과 태도가 중요하다는 것은 여러 번 강조했지요. 그런데 목소리에 대해서 가볍게 지나칠 뻔했습니다. 목소리는 천성적인 것이므로 타고난 대로 사는 것이 자연스럽다고 여겼던 이유가 아니었을까요. 그러나 사람과의 소통에서 목소리의 비중이 크다면 아빠의 목소리도 제대로 점검해야 할 필요를 느낍니다.

아이가 어린이집에서 무언가 조물조물 만들어 왔습니다. 이게 뭔가 싶게 만들었습니다. 지점토로 조형 활동을 한 모양입니다. 속으로는 '뭘 만든 거지?' 싶지만,

"아빠, 이거 브세요. 내가 만들었어요." 하고 내밀면(이거 자랑하는 겁니다.), "와, 세상에. 이걸 우리 현아가 만들었어? 멋지다. 이게 뭘까? 아빠한테 이야기해 주겠니?"

이런 반응을 코이는 겁니다. 이때 '와!' 하고 감탄사를 아주 환한 표

정으로 넣어 주는 것도 잊지 마세요! 이때 아빠의 목소리는 어떤 색깔일까요? 주변이 환해지는 밝고 환한 색이어야 합니다. 억지로 아이 같은 음성을 내지 않아도 됩니다. 자연스런 아빠의 목소리에서 이 순간만은 밝은 목소리를 낸다는 것이지요.

이 짧은 대화에서 아이는 아빠의 밝은 목소리로 정서적으로 안정되고, 자신이 만든 무언가에 큰 관심을 보이는 아빠로부터 무한 사랑을 받고 있다고 느끼며 자존감을 갖게 되지요. 때로 "사랑해."라는 말보다 이런 감탄사 한마디가 아이에게 자양분이 되어 심신을 건강하게 자라드록 합니다.

신문을 보면서 또는 TV를 보면서 "응, 알았어. 거기 올려 놔. 이따 볼게."라고 했다면 이 아빠는 이렇게 말한 것이나 같습니다.

"항상 조물거리기만 하지, 제대로 만들지도 못하면서 그래. 이따 시간 되면 보든지 말든지 할 테니까 귀찮게 하지 말고 거기 놔 둬."

"응, 알았어. 거기 올려 놔. 이따 볼게." 할 때의 아빠 목소리는 무슨 색깔일까요? 어두운 색깔일 것 같습니다. 갑자기 주변이 어두워지겠지요.

이 어두운 분위기로 아이는 자기가 존중받기는커녕 무시당한 느낌을 강하게 받게 됩니다. 자신감을 상실하고 자존감에 큰 상처를 입게 되지요.

 아이의 사회성 아빠가 키운다

# 아빠다운 목소리를 연구하라

아빠에게는 아빠의 목소리가 있습니다. 아빠는 먼저 중저음 바리톤의 목소리를 내도록 노력했으면 좋겠습니다. 복식호흡을 통해 연습하더라도 이 목소리를 만들어야 합니다. 목소리 또한 외모처럼 타고나는 것이긴 하지만, 스피치 학원이나 언어클리닉을 가지 않아도 목소리는 아빠의 의지로 성형될 수 있습니다.

먼저 복식호흡을 생활화하세요. 뱃속 깊은 곳에서 목소리를 내도록 노력해 보세요. 아빠 목소리의 최종 목표는 중저음 바리톤 목소리입니다. 복식호흡은 목소리 성형의 기본입니다. 복식호흡을 할 때는 숨을 길게 들이마셔 배로 보내지요. 그리고 천천히 '후우' 하며 뱉습니다. '아~' 소리를 길게 하며 숨을 뱉어도 좋습니다. 아기와 함께 복식호흡을 한다면 아이와 함께 놀아 주기, 우리 아이 건강한 아이로 만들기 등 여러 면에서 효과가 있습니다.

아빠의 목소리를 강조하는 또 다른 이유는 목소리는 가정환경의 중요한 부분 가운데 하나이기 때문입니다. 가정을 이루는 구성원의 목소리는 아이에게 훌륭한 가정환경입니다. 우울하고 음울한 목소리를 내는 엄마, 쨍쨍거리는 목소리를 내는 아빠가 있는 가정을 가정해 보세요.

목소리 연구가들은 목소리가 건강의 척도라고 합니다. 우리 몸이 아프면 '아픈 목소리'를 내지요. 병원에 입원한 사람을 병문안 갔을 때 대부분의 환자는 환자다운 목소리, 즉 힘이 없는 목소리를 냅니다. 만약 그가 평소처럼 건강한 목소리를 내면 "이제 괜찮구나!" 합니다. 건강을 회복한 것이지요. 이렇게 목소리는 그 사람의 건강 척도이기도 합니다.

복식 호흡으로 안정된 발성을 확보했다면 이제 건강한 목소리를 내세요. 건강한 목소리는 짜증을 내는 목소리가 아닙니다. 건강한 목소리는 벌컥 화를 내는 목소리가 아닙니다. 건강한 목소리는 잘 만들어 낸 인격의 목소리이며, 대상과 상황을 잘 고려한 목소리입니다.

아빠다운 목소리를 연구한 아빠가 계신 가정에서 자란 아이는 바른 인격을 형성하며 자랍니다. 아빠 목소리가 아이의 인격으로 연결된다는 것은 놀라운 진실입니다.

펜은 칼보다 강하다고 합니다. 펜 끝에서 나오는 글의 힘이 얼마나 큰 영향을 주는지 우리는 이미 알고 있습니다. 글(문자언어)이 말(음성언어)을 포함하는 것을 모르는 바는 아니지만, 저는 굳이 '말은 펜보다도 강하다'는 말을 지어냈습니다. 아이들의 언어 세계에서는 글보다 말이 차지하는 비중이 큽니다. 어린아이들일수록 말이 곧 언어의 전부입니다. 아이가 어릴수록 음성언어인 말이 중요하지요.

아이들은 말을 통해 세상을 배우고 경험합니다. 말 가운데에서도 목소리의 영향이 아이들에게 크게 미치며, 이제 어휘를 배워 나가는 아이들에게 목소리는 말 그 자체일 수도 있습니다. 그래서 아빠의 목소리를 생각해 보는 것은 중요합니다. 친절한 목소리, 단호한 목소리, 화내는 목소리, 짜증내는 목소리, 신경질적인 목소리, 큰 목소리, 불친절

 아이의 사회성 아빠가 키운다

한 목소리…….

우리 아이에게 아빠의 목소리는 어떤 느낌으로 전달될까를 생각하는 사려 깊은 아빠이길 바랍니다.

아빠의 밝고 건강한 목소리는 아이에게 건강식입니다.

아빠의 중저음 바리톤에서 아이는 안정감을 느낍니다.

아빠의 진중한 목소리에서 아이는 아빠를 큰 산처럼 느끼고 존경합니다.

아빠의 단호한 목소리에서 아이는 '세상에는 절대로 해서는 안 되는 일'이 있음을 알고 바른 가치관을 형성해 갑니다.

아빠의 낮고 부드러운 목소리에서 남성적인 목소리의 힘을 느끼게 됩니다.

그러나 진정한 의미에서는 아빠의 목소리가 좋은 목소리든, 맑은 목소리든 허스키한 것이든 상관 없습니다.

분명한 것은, 목소리에도 관심을 가진 부모님이라면 우리 아이는 부모님 잘 만난 것이 확실합니다. 그런 부모님이라면 사용하는 어휘나 말투 등에 당연히 관심을 가진 부모님일 테니까요.

부모님의 음성, 발성, 발음, 호흡, 어투에 관심을 가져서 목소리의 힘을 아이가 자연스럽게 알도록 해 주세요. 펜이 힘이라면, 말은 더 큰 힘입니다. 아빠의 부드러운 목소리를 통해 우리 아이들이 정서적으로 안정되게 자랄 것입니다. 아빠의 카리스마 있는 목소리를 통해 우리 아이들이 '말의 힘'을 알고 자랄 것입니다. 말의 힘을 아는 아이는 옳은 힘족으로 자신의 목소리를 낼 것입니다.

아빠의 목소리는 단순한 목소리가 아닙니다. 진정한 힘입니다. 아빠의 목소리가 아이의 인격으로 연결된다는 논리가 이와 같습니다. 세상의 아빠들이여, 우리 아이와 아내에게 듣는 이런 찬사 어떠신지요.

"우리 아빠 목소리는 최고예요. 엄마도 그랬어요. 아빠 목소리 최고래요."

아빠의 목소리를 연구하자

1. 아이와 평상 시 대화를 할 때

아빠의 자연스런 목소리가 좋다. 아빠가 아이와 수준을 맞춰 주기 위해 아이 목소리를 흉내 낸다면 자칫하면 쇳소리 나는 하이톤의 목소리를 내게 되어 오히려 아빠로서의 매력이 반감될 수 있다.

2. 나만의 아빠다운 목소리 만들기

'~다운 목소리'가 있다. 주변을 잘 살펴보자. 예를 들면 성직자는 성직자다운 목소리를 낸다. 목사님이 설교하실 때, 스님이 말씀하실 때 그분들 특유의 목소리가 있다. 타고 나기를 잘 타고 났다고만 생각하지 않는다. 그렇게 목소리를 만들어 간 것이다. 그렇다면 아빠는 어떤 아빠다운 목소리를 낼 것인가를 연구해야 한다.

3. 상황에 알맞은 목소리를 연출하라

- 아이와 놀아 줄 때는 다정한 아빠의 목소리로! 그러나 지나친 경어 사용을 할 필요는 없다.
- 훈육을 할 때는 엄격하고 단호한 아빠의 목소리가 필요하다.
- 타인과의 대화에서는 예의 있게, 하지만 힘이 느껴지는 믿음직한 아빠의 목소리가 좋다.

66

토요일 날, 집에 아들 녀석 친구가 놀러왔습니다. 애 손님이 더 무섭다고 하며 아내가 애들 좋아하는 간식 만들어 주느라 부산하더군요. 덕분에 저도 잘 얻어먹었죠. 운동하러 나가려고 하다가 아이들이 노는 모습을 힐끗 쳐다보았습니다. 그런데 아들 녀석이 친구하고 앉아서 무슨 놀이인가 하는데 다리를 달달달 떨며 노는 겁니다. 순간 저는 소리를 빽 질렀습니다.
"야, 너, 다리 떨지 마!"
아들 친구 놈이 더 놀래서 자리에서 벌떡 일어나니까 아내가 저한테 달려와서 어깨를 툭 치더라고요.
"여보, 애들 놀래잖아."
근데요, 사실 제가 더 놀랐습니다. 그렇게 소리 지를 일이 아닌데, 제가 완전 과민 반응을 보인 겁니다. 대충 수습하고 나서는데 아내가 문밖에 따라 나와 제게 쏘아붙듯 한마디 덧붙였어요.
"애 다리 떠는 거, 당신 닮은 거 알아? 내가 고치랬지?"
그제서야 알았습니다. 평소에 제가 다리 떠는 거 스스로 못마땅한 데다 아내가 제게 몇 번이나 지적했던 건데 아들 녀석이 저랑 똑같은 행동을 하니까 제가 화가 난 겁니다. 습관이란 게 참 그래요.

99

아빠의
위대한 습관

 **아빠의 습관, 아이에게 대물림 된다**

그렇습니다. 습관이란 게 참 그렇습니다. 이미 형성된 습관은 무의식을 뚫고 행동으로 나타납니다. 의식하고 자제하면 그건 아직 습관이 아닙니다. 자신도 모르게 툭, 나와 버리는 게 습관입니다. 말이 그렇고, 행동이 그렇고, 태도가 그렇습니다. 그래서 습관이 인생을 만든다는 말이 있는 것일까요.

아빠의 습관은 아이에게 대물림됩니다. 유산으로 남겨지는 것이지요. 유산은 참 좋은 것입니다. 남겨 주는 것이며 물려주는 것이니까요. 유산이 내 자녀에게 종잣돈이 되어 인생을 풍요롭게 할 수도 있고 유산이 채무가 되어 자녀의 발목을 잡을 수도 있습니다. 아빠의 좋은 습관은 자녀에게 물려주어야 할 가장 안전하고 좋은 유산이며 자녀에게 평정의 기반을 만들어 줄 수 있습니다.

라이너 마리아 릴케의 말처럼 오늘 즉시 나쁜 습관을 버리고 좋은 습관을 가져 보면 어떨까요. 오늘 그릇된 한 가지 습관을 고치는 것은 새롭고 강한 성격으로 출발한다는 것을 의미합니다. 새로운 습관은 새로운 운명을 열어 줄 것입니다. 아빠의 좋은 습관이 아빠의 운명뿐 아니라 내 자녀의 운명을 열어 줄 것이라는 사실을 짚어 보았으면 합니다. 아빠는 자녀에게 영향력을 행사하는 분이기 때문에 아빠의 태도와 습관이 자녀에게 그대로 대물림됩니다.

아리스토텔레스가 얘기했습니다. '현재의 나는 그동안 반복적으로 행동한 것의 결과물이다. 따라서 탁월함은 행동이 아니라 습관에서 비롯된다.' 아빠의 행동을 다스리고 아빠의 태도를 바람직하게 바꾸면 성격이 바뀌고, 운명 또한 바뀌게 될 것입니다 그뿐인가요. 내 아이의 성격이 바뀌고 내 아이의 운명이 바뀝니다.

다리를 떠는 버릇, 쩝쩝 소리 내어 먹는 습관, 벌컥 성질내는 습관, 바르게 앉기보다 비스듬히 눕기를 즐기는 습관, 틈만 나면 세상을 원망하는 습관, 남의 장점보다는 단점을 쉽게 찾아내는 버릇, 감사함보다는 불만을 쉽게 토로하는 버릇…… 열거하기만 해도 마음 무겁고 어둡게 만드는 태도와 습관들입니다. 내 자녀에게 아빠의 잘 다듬어진 태도를 보여 주세요. 내 아이에게 아빠의 멋진 습관을 보여 주세요.

 아빠가 물려주는 정신적 유산, 태도와 습관

내 아이는 아빠가 보여 주는 태도와 습관을 보고 느끼며 자랍니다. 태도와 습관은 물리적인 모습으로 나타나지만 정신적인 것의 조합입니다. 아빠가 어떤 생각을 하는가, 어떤 가치관을 가지고 있는가, 세상을 어떻게 대하는가 등의 마인드가 총정리된 종합편입니다.

아빠는 어떤 분인가요. 어떤 태도로 아빠의 정신적 유산을 보여 주고 있는지요. '신이 우리에게 좋은 집안과 명문대학을 졸업할 능력을 주지 않았다면 태도야말로 우리를 성공으로 이끌어 줄 유일한 열쇠다. 태도를 장악하는 것은 바로 인생의 미로를 여는 열쇠를 가진 것과도 같다는 《서른, 기본을 탐하라》의 글은 아빠들이 깊이 새겨 둘 만한 말인 것 같습니다.

아빠의 훌륭한 정신적 유산을 자녀에게 물려주기 바랍니다. 이 유산은 아무리 꺼내 써도 줄어들지 않는 자산입니다. 이 유산은 부모 생전에 자녀에게 물려주어도 좋은 유산입니다. 자녀를 망치지 않으려면 옥토를 물려주지 말라 했는데 정신적 유산인 아빠의 좋은 태도와 습관은 많이 물려줄수록 자녀에게 좋습니다. 아빠의 소중한 자녀가 이 세상을 멋지게 살아가도록 하는 유산이 아빠의 태도와 습관입니다. 이것은 아빠가 해낼 수 없는 불가능의 것이 아니기에 지금 바로 시작할 수 있습니다. 아빠의 긍정적 생각, 언어습관, 태도라는 정신적 유산을 자녀에게 물려줄 작정을 지금 바로 하고 이를 실천해야 합니다. 아빠의 자녀가 살아갈 시대는 이 모든 것을 절실히 필요로 하는 시대입니다. 이 유산은 아빠로부터만 가능한 유산입니다.

박정희 대통령이 현대건설 정주영 회장을 불렀습니다. 중동 국가에서 건설공사를 할 수 있는지를 의논하기 위해서였다고 합니다. 중동은 너무 더워서 일을 할 수 없고, 건설공사에 필요한 물이 없어서 건설하기에 부적합하다는 의견이 지배적이었던 때였습니다.

정주영 회장은 대통령에게 이렇게 보고했다고 합니다.

"중동은 이 세상에서 건설공사 하기에 제일 좋은 지역입니다. 1년 열두 달 비가 오지 않으니 1년 내내 공사를 할 수 있고, 건설에 필요한 모래, 자갈이 현장에 있으니 자재 조달이 쉽고, 물은 어디서든 실어 오면 되고, 더위가 문제인데 그건 낮에는 자고 밤에 시원해지면 그때 일하면 됩니다.”

1970년대의 중동 건설 붐은 이렇게 시작되었다고 합니다.

이 일화를 읽으며 불가능을 가능으로 여겼기에 많은 것들이 이루어졌음을 알았습니다. 부정보다는 긍정을 끌어내는 것이 결코 쉽지는 않습니다. 그렇기어 긍정의 마음도 연습해야 합니다.

아빠는 가정에서 어떤 긍정의 메카인지요. 아빠가 바라보는 세상이 긍정에 차 있으면 아이는 세상이 긍정적인 곳임을 알고 자랍니다. 아빠가 세상의 정의를 말할 때 아이는 세상을 안전하게 살 만한 곳이라 믿고 정의롭게 살려고 할 것입니다. 아빠의 말에 자신감과 행복함이 있다면 아이는 그 아빠의 자신감과 행복을 보고 느끼며 세상을 사는 용기와 지혜를 배울 것입니다.

앤서니 라빈스의 말을 옮겨 봅니다. ‘감정을 묘사하기 위해 빈번히 사용하는 말들을 단순히 바꾸는 것만으로도 생각하는 방식, 느끼는 방식, 심지어는 살아가는 방식을 변화시킬 수 있다. 삶을 바꾸고 더 나아가 운명을 개척하고자 한다면 신중하게 말을 선택하고, 사용할 수 있는 어휘의 폭을 넓히려고 끊임없이 노력해야 한다.’ 습관적으로 사용하는 말이 아이에게 물려주는 아빠의 유산임을 알고 사용해야겠습니다.

언어는 행복의 문을 여는 중요한 열쇠입니다. 인간 뇌세포의 98%가

갈의 지배를 받는다고 합니다. 두뇌는 자신이 말한 언어를 의식 속에 넣어 자신의 인생에 반영시키는 시스템으로 이루어져 있으므로 긍정적인 언어를 좀 더 의식적으로 선택해서 사용하는 습관이 중요합니다. 긍정적인 마음으로 세상을 밝게 바라보며 산다면 아빠의 삶이 빛나고 그 가운데 행복의 문을 열어 주는 언어를 사용하며 산다면 아이의 삶도 밝게 빛날 것입니다.

누군가에게 강한 영향력을 미치는 인생은 의미 있는 인생입니다. 아빠의 삶이 그러합니다. 아빠의 삶은 아이에게 커다란 영향력을 발휘합니다. 아빠가 지닌 삶의 태도, 습관, 행동들을 돌아보게 하는 이유입니다. 끊임없이 좋은 습관을 갖기 위해 마음먹고 행동하고, 그것이 태도가 된다면 어느 순간 달라진 아빠의 모습에 놀라게 될 것입니다. 이미 습관이 된 것입니다. '습관은 철로 만든 옷과 같아서 한 번 입으면 벗기 어렵다.'는 체코 속담과 '세 살 버릇 여든 간다.'는 우리 속담을 다시 한 번 새기며 아빠의 멋진 습관과 태도가 아이에게 물려줄 훌륭한 유산임을 다시 확인합니다.

지금 바로 아빠의 태도와 습관을 살펴보고 아이를 바라보세요. 아이의 미래도 함께 보일 것입니다.

 아이의 사회성 아빠가 키운다

우리 아이를 훌륭한 인재로 키우고 싶은 아빠라면

1. 우리 아이가 잘 자라 자신이 할 수 있는 일이 주어졌을 때 남으로부터 인정받을 수 있는 인재로 키우고 싶다면 아이에게 아빠의 멋진 도덕성을 유산으로 물려주어야 한다. 21세기가 간절히 원하는 인재는 도덕성을 갖춘 사람이다.

2. 평소 근사한 아빠로서 롤모델이 되어 아빠의 바람직한 태도와 습관을 우리 아이에게 스며들게 해 주자. 이는 평소에 보여 주는 아빠의 태도와 행동, 아빠의 말에 고스란히 담겨 있다.

3. 아이 앞에서 어른다운 아빠, 세상을 긍정적으로 바라보는 아빠의 면모를 보여 주자. 세상을 무분별하게 욕하거나 함부로 말하지 않아야 한다.

4. 아빠가 지향하는 인생관이 아이에게 유전된다. 평소 아빠는 어떤 '타령'을 하고 사는지 점검하자. 혹시 물질 타령, 돈 타령, 직업에 대한 불만족 타령을 하고 있다면 아이에게 그대로 전달됨을 알자.

5. 세상의 아름다운 가치와 정의로움을 자주 언급하자. 세상은 모순과 불만도 있지만 아름다운 가치와 정의가 있다. 자녀 앞에서는 모순과 불만보다는 가치와 정의를 찬양하라.

＂

가을 여행을 하는 가족, 하늘은 파랗고 가을햇살도 좋고 나뭇잎도 울긋불긋 단풍
으로 물들었습니다. 아이는 신이 났습니다. 창밖을 보며 동요를 부릅니다.
"가을은 가을은 노란색
은행잎을 보셔요
그래그래 가을은 노란색
아주 예쁜 노란색"
진짜 은행잎은 노랗게, 단풍잎은 빨갛게, 가을 하늘은 파랗게……
동요의 노랫말처럼 아름답습니다.
아이가 질문을 합니다.
'은행잎은 왜 노란 거예요? 단풍은 왜 색깔이 다 달라요?"
엄마가 대답합니다.
'응. 가을이라서 그래."
참 시적(詩的)입니다.
이때 아빠가 대답합니다.
'그건 말이지, 엽록소가…."
아빠의 대답은 논리적이고 과학적이라서 조금은 어렵습니다만, 엄마와는 확실히
다른 무언가가 있습니다.

＂

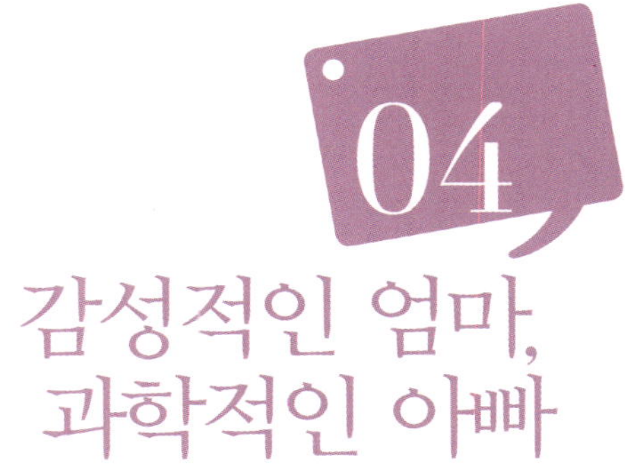

감성적인 엄마, 과학적인 아빠

볼 거 다 보고 느낄 거 다 느끼는 우리 아이

가족 여행은 정말 신이 납니다. 아이들이 차에서 폴짝거리며 앉아 있지 못하는 것도 즐겁고 신이 나서입니다. 엄마, 아빠는 가만히 앉아 있으라 해도 아이 입장에서 이렇게 신나는데 어찌 가만히 있으란 말인가요? 아이가 들썩들썩하며 주의 산만한 것 같아도 그런 가운데 볼 것 다 보고 느낄 것 다 느낍니다. 많이 관찰하고 많이 보기에 호기심 어린 질문도 많고 부산스럽기도 하지요.

이때 아이의 호기심은 "조용히 해!" 하는 부모를 만나느냐, "바르게 앉아 가라!"고 강요하는 부모를 만나느냐, "애가 왜 이리 시끄럽고 산만하냐?"고 하는 부모를 만나느냐, "어쩌면 그런 생각을 했니?"라고 신기억하며 맞장구치는 부모를 만나느냐에 따라 달라집니다.

이 에피소드를 통해 우리 아이에게 좀 더 심도 있게 할 수 있는 과학적 지도법을 알려 드리려고 합니다.

"단풍은 왜 색깔이 다 달라요?"

엄마가 대답합니다.

"응. 가을이라서 그래."

이때 아빠가 대답합니다.

"그건 말이지, 엽록소가……."

엄마와 아빠의 대답에 차이가 보입니다. 아빠는 좀 더 사실적이고 논리적이며 과학적으로 접근한다는 것이지요. 여성과 남성은 감수성에서 확실히 차이가 있습니다. 언어 표현에서도 마찬가지입니다. 여성들은 과학적이고 사실적인 표현보다는 감성적인 느낌의 표현이 강하고 그러다 보니 서정적입니다. 사실적이며 논리적인 아빠의 대답은 아이의 호기심과 과학적 사고를 도울 수 있습니다. 과학은 신기해하는 것이고 관심을 갖는 것으로부터 시작됩니다.

먼저 아이의 호기심을 칭찬해 주세요. 아빠의 관점에서 별 거 아닌 것이라고 생각하지 말고, 아이의 눈높이와 생각의 높이를 맞추어 칭찬하면 됩니다.

"와, 어떻게 그게 신기했지? 대단하다. 그런 걸 궁금해하다니! 역시 우리 효찬이, 과학자 될 것 같은데?"

 아이의 사회성 아빠가 키운다

아이 질문에 호응하는 여러 가지 방법

그러나 그 다음이 문제이지요. 질문을 받았으니 아빠답게 근사한 대답을 해야 하는데요. 딱히 정답에 가까운 대답이 생각나지 않습니다. 걱정하지 마세요. 다음의 '다시 질문하기' 방법을 활용하면 되니까요.

아이 아빠, 가을에는 은행잎이 왜 노랗게 변해요?

아빠 아, 가을에는 은행잎이 왜 노랗게 변하냐고?

먼저 아이의 말을 한 번 다시 반복해 주면서 질문에 대한 피드백을 합니다. 그 시간에 아빠도 질문에 대한 핵심과 답변을 준비하는 것이지요. 그래도 이렇다 할 설명이 떠오르지 않을 때는 이렇게 다시 질문을 던져 보세요.

"그래. 네 생각에는 왜 가을에는 은행잎이 노랗게 변한다고 생각하니?"

이것은 또한 아이의 과학적인 사고를 자극하는 질문이기도 합니다. 놀랍게도 아이는 나름의 답을 제법 할 겁니다. 생각하며 말이지요. 이때 아빠도 아이의 이야기를 들으면서 정리를 해 보면 좋습니다.

자녀가 질문을 할 때는 몰라서 질문을 할 때도 있지만 '대화'의 한 방법으로 질문을 할 때도 있습니다. 때로 아이들은 자신이 알고 있는 것을 확인하거나 자랑하고 싶을 때 질문의 방법을 택하기도 합니다.

"아빠, 저는 이런 거 알고 있는데 아빠도 아세요?" 하는 식으로 말이지요. 아이가 질문한 것에 대한 대답을 아빠가 설령 알고 있다 하더라도 여러 가지 방법으로 대화를 할 수 있는데 지금의 경우처럼 정확한

답변이 어려울 때는 '되묻기', 즉 반문의 방법이 좋습니다. 그밖에 "넌 왜 그렇게 생각했어?", "왜 그렇게 변했을까?"라며 과학적 사고를 자극하는 질문을 하거나, "혹시 네가 알고 있는 것이 있으면 아빠한테 알려줄래? 아빠도 정말 궁금한데?"하며 아이가 '새롭게 관심을 갖도록' 자극하며 아이의 호기심을 존중하는 질문을 하는 것도 좋습니다.

때로 아빠도 아이에게 물어보세요. 아이는 자신이 알고 있는 지식을 총동원해서 아빠께 무언가를 설명할 것입니다. 질문을 받은 아이는 그것을 설명하면서 자신이 궁금한 것을 더 확실히 정리하고, 설명하면서 정확하게 인지하게 되지요. 남에게 가르칠 때 가장 잘 배우며 학습의 효과가 높아진다고 합니다. 그러나 이때 만약 아이가 엉뚱한 말을 하더라도 아빠가, "그런 게 어디 있냐. 말도 안 돼."라고 하며 무안을 주거나 호기심의 맥을 끊으면 안 됩니다.

아이의 생각을 존중해 주고 다음의 생각을 이어가도록 해야 합니다. 또는 이렇게 질문해 보는 것은 어떨까요.

"그래. 그럴 수도 있겠다. 그런데 좀 더 생각해 보자."

"아빠는 생각도 못해 봤는데 우리 효찬이 대단한데? 어떻게 그런 게 궁금하지? 아빠도 갑자기 궁금해졌어. 엽록소 변화 이런 거 같은데, 자세히 알아봐야겠다. 그런데 어떻게 알아보면 좋을까?"

"아빠가 알아봐서 알려 줄게."라는 대답으로 약속을 하는 것보다는 "어떻게 알아볼까?", "어떤 방법이 있을까?"하며 알아보는 과정에 아이를 참여시키면 좋습니다. 이것은 '다양한 탐구 방법을 알아보는

 아이의 사회성 아빠가 키운다

것'에 대한 자극을 주는 질문입니다. 이러한 과정을 통해 아이는 다양한 과학의 경력을 가지려 하고, 탐구 방법을 생각해 보며, 관찰을 생활화하고, 과학을 놀이처럼 받아들이며, '과학은 즐거운 것'이라는 경험을 하게 됩니다.

그리고 그에 관련된 책을 사 주거나 서점에 가서 책을 통해 문제를 탐구하는 방법으로 연결시키는 것도 좋습니다. 혹시 모르는 일입니다. 가족 여행길에 던진 평범한 호기심, "단풍은 왜 색깔이 다 달라요?"로부터 시작된 아이와 아빠의 문제 해결 과정이 아이의 미래에 어떤 영향을 줄지 아무도 모르는 일입니다.

잊지 마세요. 아빠도 아이가 호기심을 갖는 것에 대해 적극적으로 궁금해해야 한다는 것. 아이의 과학적 호기심은 더 활발해질 것입니다.

그런데 중요한 점이 있습니다. 알아보자고 말만 해 놓고 잊어버리면 안 됩니다. 아이가 까맣게 잊어버렸어도 아빠는 기억해야 합니다. 아이들에게는 Here & Now가 최고입니다. 시간이 지나면 그 당시에는 왕성했던 호기심이 금방 사그라질 수 있으므로 집에 도착하자마자 아이에게 아빠가 호기롭게 말하는 겁니다.

"우리 아까 궁금해했던 거 있었지?"

"우리 서로 궁금해했던 나뭇잎의 변화를 알아볼까?"

그렇습니다. "우리 아까 말했던 거 찾아보자."보다는 이런 제안에도 좀 더 과학적인 언어를 사용할 필요가 있지요. '나뭇잎의 변화' 같은 어휘 사용! 그리고 나란히 컴퓨터 앞에 앉은 아빠와 아이! 그 뒷모습은 아름답습니다. 이때 나뭇잎의 변화를 알아보는 학문적인 교류뿐 아니라 아빠와 아이의 대화가 이루어집니다. 이런 분위기에서 자란 아이가 훗날 아빠에게,

"아빠가 언제부터 저한테 관심이 있으셨어요?"라는 말로 아빠를 억울하게 하거나,

"꽤요~~~?" 하는 퉁명스런 말로 아빠를 절망하게 하거나,

"말씀드리면 아세요?"라는 무시성 표현으로 아빠 속을 뒤집어 놓지는 않겠지요.

엄마에게는 모성과 그 모성에 부합하는 감수성이 있다면 아빠에게는 부성과 그에 어울리는 논리성이 있습니다. 엄마에게는 누구도 따라올 수 없는 감수성 풍부한 언어적 표현이 있다면 아빠에게는 아빠만이 가지는

아이의 사회성 아빠가 키운다

과학적 접근과 합리성, 그에 맞는 풍부한 언어적 표현이 있습니다.

아이는 엄마의 시적 감수성과 아빠의 과학적 논리성을 골고루 영향 받으며 균형 있는 성장을 할 것입니다. 그리고 그 안에서 아이는 풍부한 감성과 이성을 갖춘 정서적이고 이성적인 인격체, 미래 세상이 원하는 인재로 성장할 것입니다. 이 모든 과정을 어렵게 생각하지 마세요. 아빠, 질문만 잘해도 당신은 아이에게 이미 과학자입니다.

유·초등기 아이에게 과학자 아빠 되기 프로젝트

초등학교 과학 관련 내용을 살펴보면 주변 돌아보기, 계절에 따른 자연의 변화, 자연물에 대해 알아보는 것 등으로 구성되어 있다. 쉬운 것처럼 보이지만 아이가 실제로 경험을 많이 하지 않았다면 쉽지 않은 과정이다. 본문에 있는 대로 실천하기 위한 요점 정리!

1. 아이의 질문을 존중하고 성의 있게 답을 한다

- 아이가 주변 사물에 관심을 갖고 관심을 보인다면 그냥 지나치지 말라.
- 아이'가 말하는 사소한 말과 질문에도 반드시 반응을 보여라.
- 탐구력은 호기심으로부터 비롯됨을 알고 관심으로 격려하라.

2. 내 아이는 과학자 기질을 가지고 태어났음을 아빠가 인정해 준다

- 어릴수록 정말 사소한 것을 자꾸 질문한다. 아빠의 인내는 필수!
- 생활 속에서 과학을 이야기하자. 목욕하면서, 산책하면서, 화분에 씨앗을 심고 관찰하면서, 익은 김치를 먹으면서 발효에 대한 이야기 등 과학적 소재는 무궁무진하다.

3. 모르는 것이 있을 때는 방향만 제시해 주어도 된다

- 즉시(아이의 호기심이야말로 순간적이다.) 함께 찾아보고, 관련된 책을 사러 함께 서점에 간다.
- 과학관 등에서의 체험 활동 및 갯벌 체험 등 다양한 경험을 아이와 함께한다.

식물에 대해 알아보는 시간입니다. 선생님이 잘 모르는 식물이 나왔습니다. 선생님은 그 식물에 대해 다음 시간에 알려 주겠다고 했습니다.

그 반 학생 중에는 아빠가 식물학자인 학생이 있었습니다. 아이는 아빠가 퇴근해 돌아오기를 기다렸습니다. 드디어 아빠가 오셨습니다. 아이는 아빠에게 달려가다시피 했습니다.

"아빠, 우리 선생님은 진짜 식물에 대해 뭘 모르시는 분이에요."

아이는 신이 나서 수업 시간에 있었던 일을 이야기합니다.

"근데, 아빠는 이거 아시지요?"

아이가 문제의 식물 그림을 아빠한테 보여 주자, 아빠는 한참을 들여다봅니다. 고개도 갸웃갸웃합니다. 드디어 아빠가 책을 덮으며 말합니다.

"아빠도 잘 모르겠는걸. 아빠도 알아봐야겠다. 나중에 알려 주마."

아기는 실망했지만 어쩔 수 없었습니다. 아이가 서재에서 나가자 아빠는 아이의 선생님에게 전화를 했습니다. 그리고 그 식물에 대해 선생님과 이야기를 나누었습니다.

이튿날, 선생님은 아이들에게 약속대로 어제의 식물에 대해 자세히 알려 주었습니다. 선생님이 들려준 이야기에는 식물학자인 아이의 아빠가 전화로 알려 준 내용이 많이 들어 있었습니다.

내 아이가
소중하다면!

내 아이의 주변 사람을 귀히 여기는 부모

언젠가 들었던 유대인의 자녀교육 이야기를 정리해 본 것입니다. 얼마나 현명한 아빠인지요.

잘 키우고 싶은 우리 아이. 그러나 부모의 힘만으로는 안 됩니다. 환경이 좋아야 합니다. 우리 아이의 주변에 좋은 사람이 있어야 합니다. 환경 가운데 사람만큼 중요한 환경이 있을까요.

우리 아이의 인생에 언제나 좋은 사람들만 함께했으면 좋겠습니다. 첫 사회생활인 유아교육기관에 다니면서는 친구들과 사이좋게 놀며 사회생활의 첫 단추를 잘 끼웠으면 좋겠다는 생각을 합니다.

《3-7세, 부모들은 모르는 내 아이 사회생활》은 유아교육기관에 다니는 아이들의 좌충우돌 사회생활 적응기입니다. 이 책으로 저자 직강을 하는 동안 부모님들이 유아시기 자녀의 사회성에 얼마나 관심을 갖는지 실감했지요.

"엄마, 애들이 안 놀아 줘."

"엄마, 애들이 나 싫대."

"애들이 놀려. 친구가 없어. 친구랑 노는 거 싫어. 혼자 놀았어."

부모를 철렁하게 하는 말이라고 합니다.

유·초등학교 시기가 지나서 좀 나아지려나 싶으면 사춘기에 접어든 중·고등 시기에는 친구의 영향력이 더 커져 갈등하는 자녀를 바라보는 부모의 가슴은 아픕니다. 친구와의 갈등 없이 학창시절을 보낸 사람이 있을까요?

학창시절의 가장 큰 고민이 '공부'일 것 같지만 그건 갈등이 아니라 부담이그 당면과제일 뿐이지요. 정작 학생을 힘들고 갈등하게 하는 것은 '선생님과 친구'에 관한 문제들입니다. 선생님으로부터 받는 영향. 친구로부터 받는 격려와 좌절을 우리는 차근차근 경험하며 때로 아프고 힘들게 성장했습니다. 그런데 우리 아들딸들도 똑같은 전철을 밟고 있다는 게 도무지 화가 납니다. 게다가 왕따에 폭력에 정신적 상처에…… 학교가 왜 이 지경이 됐는지 우리 부모 모두 분개합니다. 그런데 우리 모든 부모가 우리 아이들을 그렇게 키운 건 아닐까요?

내 아이의 주변 사람이 내 아이를 힘들게 합니다. 그렇다면 '내 아이의 주변 사람'이 문제겠군요. 어떻게 하면 좋을까요. 내 아이를 위하여

내 아이의 주변 모든 사람을 존중해 주세요. 아이의 친구, 아이의 선생님 모두 내 아이에게 선한 영향을 미치는 소중한 존재입니다.

 ## 내 아이의 선생님, 고맙습니다

우리 엄마는 소풍 때면 선생님의 김밥을 또 싸 주셨습니다. 소고기가 귀했던 시절, 엄마는 제 김밥 위에 모양만 냈던 소고기 고명을 선생님의 김밥 위에는 듬뿍 올려놓고 꼭꼭 눌러서 싸 주셨습니다. 엄마의 김밥은 유난히 모양도 예뻤거니와 엄마의 그 정성을 지켜보던 저는 '선생님은 하늘 같은 분'으로 알고 자랐습니다. 선생님을 귀하게 여기며 대접하는 부모님으로부터 영향받은 저는 모든 선생님은 훌륭하다고 여겼으며 훌륭한 선생님으로부터 잘 배울 수 있었습니다.

"학교 다녀오겠습니다." 하는 제게 아버지는 어느 한 날도 이 말씀을 잊은 적이 없었습니다. 그 당시 모든 학부형의 선생님에 대한 공경이 담겨 있던 말씀,

"영주야, 선생님 잘 쳐다보고 선생님 말씀 잘 들어야 한다. 그래야 공부도 잘하고 훌륭한 사람이 될 수 있지?"

아버지는 종종 학교까지 자전거로 등교를 시켜 주곤 했는데 교문 앞에서 저를 배웅하며 또한 이런 당부를 잊지 않았습니다.

"우리 영주는 똑똑해서 선생님 말씀 잘 듣는 거 알지?"

그랬습니다. 아버지는 당신의 딸을 똑똑하다 추어올리며 동시에 '네가 똑똑하니까 선생님 말씀 잘 들으라.'고 당부했던 것입니다. 그때 저는 '우리 아버지가 저렇게 말씀하시는 걸 보면 선생님은 진짜 훌륭한 분인가 보다.' 그렇게 생각을 했습니다. 어린 제게 아버지는 훌륭한 분인데 그런 아버지가 선생님 말씀 잘 들으라고 한 데는 분명 이유가 있을 거라는 생각. 그래서였을까요. 저는 지금도 모든 선생님은 훌륭한 분이라는 생각을 합니다. 아니, 그런 생각이 저절로 듭니다. 많은 사람들에게 영향을 주는 일은 아무나 할 수 있는 그리 만만한 일이 아닌 건 우리 모두 압니다. 선생님은 그런 분입니다.

아이의 친구를 존중하는 태도, 아이의 선생님을 지극히 존경하는 태도만으로도 부모님은 좋은 환경을 마련한 것입니다. 부모가 만든 이 좋은 환경 안에서 우리 아이가 제대로 자랄 수 있음을 잊지 마세요.

'성공의 비결은 남의 험담을 하지 않고 장점을 들춰내는 데 있다.'는 벤자민 프랭클린의 이야기를 기억하며 우리 아이가 타인의 장점을 찾아 자신의 것을 만들어 성공한 사람으로 우뚝 서도록 아빠가 도와주기 바랍니다. 앞의 에피소드, 식물학자 아빠처럼 현명한 아빠가 되었으면 합니다.

우리 아이 선생님이며, 우리 아이가 그 선생님으로부터 배우고 영향받으니까요. 선생님을 훌륭한 분으로 대접하고 승격시켜야 합니다. 내 소중한 아이의 선생님은 훌륭한 분입니다. 내 아이가 소중하다면, 내 아이의 친구들 모두 소중합니다. 그 친구들이 내 아이의 행복과 불행에 영향을 주며 그 친구들과 내 아이가 인생을 함께하니까요.

내 아이가 소중하다면 이 세상 모든 사람이 소중합니다.

존경하는 인물이 많은 아버지는 존경할 만하다

세상이 변한다 해도 아이에게 아빠로서의 위치는 여전히 크고 위대하다. 뱃속에서 부터 함께한 엄마가 아이에게 일상이라면 아이에게 아빠는 특별한 어떤 존재이다. 뭔가 특별한 영향력을 미치는 '큰바위 얼굴' 같은 분이 아빠인 것이다. 항상 듣는 엄마의 칭찬과 반복되는 잔소리보다 일침을 가하는 아빠의 한마디가 아이에게 큰 영향력을 준다. 아이에게 아빠는 어떤 면에서든 특별한 존재이기에 아빠가 존경하는 인물, 아빠 일에 대한 자부심, 이웃을 대하는 태도 등이 아이의 인성과 사회 적응력에 많은 영향을 준다.

1. 역사적 인물, 근현대사에서 주목할 인물들에 관심을 가져라.

2. 세상이 넓음을 이야기하고 아빠 자신이 위대한 인물에 관심을 보여라. 이들 모두가 아빠의 멘토임을 자랑하라.

3. 아빠가 존경하는 주변 인물에 대해 아낌없이 자랑하라. 부모, 스승, 직장 상사, 동료, 친구, 누구든 좋으며 많을수록 좋다.

4. 존경하는 이유를 아이에게 알려 주자. 이 과정에서 아빠는 긍정적인 사람, 상대의 장점을 찾는 21세기형 리더임이 부각될 수 있다.

5. 긍정과 칭찬을 먹고 자라는 내 아이에게 아빠가 찬양하는 위인과 존경하는 인물의 이야기는 그대로 긍정의 메시지로 전해지고 아이에게 원대한 포부를 갖게 할 것이다.